Johanna Friedl

Mini-Projekte für Krippenkinder

Leicht umsetzbare Angebote für alle Bildungsbereiche mit Portfolio-Downloads

Illustrator Marc Robitzky

Ökotopia Verlag, Aachen

Impressum

Autorin Johanna Friedl
Covergestaltung PERCEPTO mediengestaltung
Illustrator Marc Robitzky
Lektorin Anja Arica
Satz art applied Münster
Druck Drukarnia Dimograf Sp. z o.o. Polen
ISBN 978-3-86702-352-8

4. Auflage 2020

Bleiben Sie in Kontakt
www.oekotopia-verlag.de

Klimaneutral Druckprodukt
ClimatePartner.com/12995-2005-1031

FSC MIX Papier aus verantwortungsvollen Quellen FSC® C018236
www.fsc.org

Zu vielen der Spielangebote stehen für Sie unter **http://mini-projekte.oekotopia-verlag.de** vorformulierte und gestaltete **Portfolios zum kostenlosen Download** bereit.

Ihr Vorteil: Alle Textbausteine lassen sich nach Bedarf individuell anpassen oder komplett übernehmen. So haben Sie jederzeit den passenden Portfoliobogen sofort zur Hand und **sparen viel Zeit bei der Bildungsdokumentation**.

Inhaltsverzeichnis

Einleitung

PädagogInnen in Kindertageseinrichtungen und Eltern stellen sich immer wieder die Frage: Wie kann mit Kleinstkindern sinnvoll gearbeitet, gespielt und gelernt werden? Einen Großteil der Zeit verbringen Erwachsene mit Kindern in diesem Alter beim Füttern, Wickeln und Pflegen. Und das ist auch der Bereich, in dem Kinder in dieser Altersgruppe ihre wichtigsten Erfahrungen sammeln. Je intensiver und aufmerksamer, je wertschätzender und liebevoller diese Zeit gestaltet wird, desto besser können sich Kleinstkinder entwickeln. Emmi Pikler hat mit dieser Erkenntnis eine wichtige Vorreiterrolle übernommen. Der Name Pikler steht für eine achtsame Haltung dem Kind gegenüber vom ersten Lebenstag an. Es gilt, **die Besonderheiten eines jeden Kindes herauszufinden**, zu berücksichtigen und im Umgang mit ihm seine Persönlichkeit zu wahren. Feste Bezugspersonen, die den Alltag mit Kindern – Spiel- und Pflegehandlungen - achtsam und liebevoll gestalten, sind die wichtigste Voraussetzung für eine gesunde Entwicklung.

Das Kind braucht keine überfordernden Stimulationen und keine Lernprogramme, sondern **eine gut vorbereitete, strukturierte Umgebung mit Bewegungs- und Spielangeboten**, die für das Kind erreichbar, verständlich und attraktiv sind. Es gibt in einer Krippe und in der Arbeit mit Kleinstkindern viele Möglichkeiten, der kindlichen Neugier, dem Entdeckergeist und der Freude am spielerischen Lernen zu begegnen.

Durch langjährige Erfahrungen, die ich in der Kinderkrippe und vorher schon in Eltern-Kind-Gruppen sammeln konnte, bin ich zu der Überzeugung gekommen, dass es ein **besonderes Bedürfnis der Jüngsten ist, Aktivitäten unzählige Male zu wiederholen**. Ich bin deshalb in der Praxis mehr und mehr dazu übergegangen kleine Projekte zu entwickeln, die wir über einen längeren Zeitraum beibehalten und die im Lauf der Zeit eine Intensität und Vielfältigkeit entwickelten, die kaum jemand in einer Kinderkrippe erwarten würde.

Trotzdem fragen pädagogische Fachkräfte zu Recht: „Bleibt bei der vielen Pflege überhaupt Zeit und Raum für zusätzliche Projekte?"

Ich bin überzeugt: **Projektwochen in der Krippe sind nicht nur möglich, sondern machen Sinn!** Sie lassen sich wunderbar in den Arbeitsalltag einfügen. Und sie bieten Kindergruppen mit der großen Alterspanne, wie wir sie in der Krippe finden, die Möglichkeit unterschiedlichster Herangehensweisen an ein Thema und häufiger Wiederholungen. Genau das ist es, was Kleinstkinder mögen und brauchen, um Sicherheit zu gewinnen und Inhalte zu verinnerlichen.

Diejenigen, die befürchten, durch Projektarbeit mit einer großen Portion zusätzlicher Arbeit herausgefordert oder in einen starren Rahmen gepresst zu werden, der spontane Aktivität und das Aufgreifen der aktuellsten kindlichen Bedürfnisse und Interessen verhindert, **möchte ich ermutigen, Projektarbeit auszuprobieren**. Ich habe das Gegenteil erlebt! Selten sind mehr sprudelnde Ideen und Impulse der Kinder in vielfältigere Aktionen und Spielaktivitäten gemündet, als während der verschiedensten Projekte.

Projektarbeit in der Krippe – worum es geht

Projektarbeit bietet eine hervorragende Möglichkeit zur Unterstützung der Entwicklung – auch unter 3-jähriger Kinder. Gerade sehr junge Kinder gehen ihrer Umwelt ständig forschend und entdeckend auf den Grund. Sie möchten alles berühren und anfassen, festhalten, begreifen und ausprobieren. Wie fühlen sich Dinge an, wozu werden sie gebraucht, wie können sie eingesetzt und auch „zweckentfremdet" werden? **Alles was Kinder aktuell interessiert, bietet ihnen die Möglichkeit, sich völlig zu vertiefen**. Eine Fähigkeit, die von den Jüngsten oft nicht erwartet wird, die ihnen aber ganz entspricht, wenn sie nicht dabei gestört, sondern aufmerksam begleitet werden.

Am besten funktionieren Projekte mit Kindern unter drei Jahren, wenn sie viel Zeit bekommen, sich Inhalte durch **häufige Wiederholungen und abwechslungsreiche Varianten** zu erschließen. Dinge in Bewegung bringen und stoppen, sie verstecken und wiederfinden, sie von einem Ort zum anderen bewegen, Geräusche erzeugen und Spuren hinterlassen mit allem was ihnen in die Finger kommt – all das begeistert kleine Kinder und an all dem kann Projektarbeit in der Krippe anknüpfen.

Projektarbeit in der Krippe – wo, wie, was, wann, wie lange?

Wo – geeignete Räumlichkeiten

Projektarbeit lässt sich überall in einer Einrichtung durchführen und ohne viel Aufwand in den Alltag und den normalen Tagesablauf integrieren. **Im Gruppenraum können auch jüngere Kinder beobachtend an Angeboten teilnehmen**, an die sie sich selbst noch nicht heranwagen. Sie können sich dem Geschehen in ihrem eigenen Tempo annähern und schließlich selbst aktiv werden.

Nicht alle hier vorgestellten Angebote lassen sich im Gruppenraum umsetzen. Angebote mit viel Bewegung oder Geräuschen, viele Kreativangebote, aber auch ganz ruhige, hohe Konzentration erfordernde Angebote können dazu führen, dass sie entweder die Gesamtgruppe stören oder die Gruppe selbst auf die Projektteilnehmer ablenkend wirkt. Eignen sich Angebote nicht gut für den Gruppenraum, kann es trotzdem sinnvoll sein, einzelne jüngere Kinder als Beobachter z.B. ins Atelier oder ins Außengelände mitzunehmen, auch wenn absehbar ist, dass sie am Angebot noch nicht aktiv teilnehmen werden.

Wie – Inhalte und Material sinnvoll präsentieren

Ein Projekt im U3-Bereich macht nur Sinn, wenn es den Kindern **Möglichkeiten zu Wiederholungen** bietet. Deshalb können viele Angebote ohne viel Aufwand und häufig auch während des Freispiels durchgeführt und selbstständig wiederholt werden, bis bei den Kindern eine Art „Sättigung" erreicht ist. Wenn sie beispielsweise an einem Tag ein Schnipselbild geklebt haben, möchten sie diese Aktion oft am nächsten Tag und am übernächsten Tag, manchmal eine Woche lang oder öfter in allen möglichen Varianten nochmal durchführen.

Deshalb **muss das entsprechende Material auch außerhalb eines vorbereiteten, gelenkten Angebotes im Alltag zugänglich sein**. Das gilt auch für Lieder, Fingerspiele, Massagespiele usw., die gerade im U3-Bereich auch während der Freispielzeit begeisterte Mitspieler und Nachahmer finden. Ein Kind beginnt und schnell gesellen sich andere dazu. So wird das häufige Zurückkommen zu einer Aktivität möglich, das die Jüngsten benötigen, um Inhalte zu verinnerlichen. Das Gelingen dieser Prozesse wird leicht erkennbar, wenn Kinder vertraute Inhalte selbst miteinander oder mit Puppen und Kuscheltieren nachspielen.

Wer und wann – Sicherheit macht entdeckungslustig

Krippenkinder benötigen einen sicheren Rahmen, um entdeckungs- und lernfreudig agieren und sich mit Neuem beschäftigen zu können. **Eine sichere emotionale Beziehung zu den pädagogischen Fachkräften und Vertrautheit mit der Umgebung sind daher unverzichtbar.** Andernfalls können neue Situationen beängstigend und stressauslösend wirken und zu einer Hemmung des Explorationsverhaltens führen.

Während Umbruchphasen wie der Eingewöhnungszeit am Anfang des Kitajahres, sind Projekte wenig sinnvoll. Die neuen Kinder sind damit beschäftigt, sich selbst, die Kinder und ihre neue Umgebung zu entdecken, während die „alten" Kinder in ihre neue Rolle als erfahrene Gruppenmitglieder, ohne ihre älteren Freunde erst hineinwachsen. Während dieser Phasen ist es sinnvoll, zunächst gewisse Strukturen und Rituale zu entwickeln, die einen sicheren, ermutigenden Rahmen für spätere Entdeckungsreisen und spannende Projekte bilden.

Wie lange – Zeit ist unverzichtbar

Die pädagogische Fachkraft sollte für ein Projekt einen längeren Zeitrahmen einplanen und sich **bei der Durchführung an der Begeisterung der Kinder orientieren.** Erst wenn Kinder keine neuen Impulse mehr aufgreifen und die Wiederholungen langweilig werden, neigt sich ein Projekt dem Ende zu. Für ein Projekt weniger als zwei Wochen zu planen, ist in der Regel nicht sinnvoll, weil die Möglichkeit zu wiederholen, zu variieren und zu verinnerlichen dann häufig nicht gegeben ist.

Was – so viele Möglichkeiten

Für ein Projekt können alle Themen aufgegriffen werden, die in der Kindergruppe gerade aktuell und interessant sind. **Zur Themenfindung sollte die pädagogische Fachkraft die Kinder daher sehr genau beobachten:** Worauf sprechen Kinder emotional an? Worauf reagieren sie interessiert und begeistert? Was tragen sie von Zuhause in die Gruppe hinein? Alles aus der Erfahrungswelt der Kinder, das auf offensichtliches Interesse stößt und die Voraussetzung bietet, die Aufmerksamkeit der Kinder über einen längeren Zeitraum zu fesseln, bietet sich für ein Projekt an. Die Jüngsten entdecken neugierig ihre Umwelt und die aufmerksame pädagogische Fachkraft wird ständig neue Projektthemen aus ihrem täglichen Umgang mit den Kindern entwickeln, die dem Alter, den entwicklungsbedingten Bedürfnissen der Kinder und der individuellen Gruppensituation entsprechen.

Projektarbeit in der Krippe – so kann sie spontan und einfach mit diesem Buch gelingen

In diesem Buch werden Vorschläge für 10 Miniprojekte vorgestellt, die in ein bis drei Wochen abgeschlossen werden können. **Die Miniprojekte sind völlig unabhängig voneinander möglich und bieten ein hohes Maß an Flexibilität.** Die Themen sind so aufeinander abgestimmt, dass sich ohne weiteren Aufwand mehrere Miniprojekte nahtlos aneinander reihen können. So können sehr einfach umfangreichere Projekte und thematische Schwerpunkte über mehrere Wochen organisiert werden. Manche Projektthemen bieten sich für einen nahtlosen Übergang an. Nach dem *Regen und Sonnenschein-Projekt* passt beispielsweise besonders gut das *Arche-Noah-Projekt.*

Jedes Miniprojekt besteht aus einer **Vielzahl von praktischen Anregungen und Angeboten, die als Auswahl gedacht ist.** Es ist nicht zwingend erforderlich, alle Angebote umzusetzen. Die Vielzahl und Vielseitigkeit der Angebote soll vielmehr ermöglichen, schnell und ohne lange Suche, ganz individuell den Bedürfnissen, dem Alter, der Altersmischung und der aktuellen Gruppensituation entsprechend auswählen zu können. So wird es leicht, der großen Alters- und Entwicklungsspanne von Krippenkindern gerecht zu werden.

Entsprechend der Kulturhoheit der Länder sind die Bildungs- und Erziehungspläne der Bundesländer unterschiedlich und geben verschiedene Bildungsbereiche vor, die sich im Wesentlichen zu acht Bildungsbereichen zusammenfassen lassen. Um frühkindliche Bildung zu gewährleisten sowie Entwicklungs- und Lernchancen zu nutzen, können mit Hilfe dieses Buches regelmäßig **Aktionen aus allen Bildungsbereichen** angeboten werden. Den Bildungsbereichen sind Symbole zugeordnet, die das rasche Auffinden der Bildungsschwerpunkte erleichtern.

Bildungsbereich Sprache

Bildungsbereich Musik

Bildungsbereich soziale Kompetenz

Bildungsbereich Bewegung

Bildungsbereich Kreativität

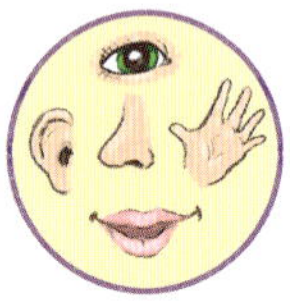
Bildungsbereich Sinneserfahrungen

Bildungsbereich Körper & Gesundheit

Bildungsbereich Natur, Umwelt & Naturwissenschaften

Die folgenden beispielhaften Projekte kommen **aus der pädagogischen Praxis** und wurden von mir so oder in ähnlicher Form durchgeführt und ausprobiert. Sie wollen als Anregung verstanden werden, aus all dem, was Kinder interessiert, eigene Projekte und Aktionen zu entwickeln. Die Ideen können und sollen verändert und individuell angepasst werden. Diesem Buch geht es in erster Linie darum, einen Prozess anzustoßen, während dem Kinder fortdauernd beobachtet und auf der Grundlage gründlicher Reflektion das pädagogische Handeln stets neu angepasst wird. Während eines Projekts werden Impulse immer dann gegeben, wenn die augenblicklichen Aktivitäten der Kinder neue Ideen und Anregungen herausfordern. So behalten Projekte eine Dynamik, die schon die jüngsten Kinder in ihrer Entwicklung fördert und herausfordert, ohne sie zu überfordern.

Sprechende Wände, Projektordner, digitale Bilderrahmen – Dokumentation und Informationen für Eltern

Im Idealfall wird der **Verlauf eines Projekts laufend dokumentiert**. Die Kinder werden bei ihren Aktivitäten fotografiert und Bilder, Werk- und Bastelarbeiten sowie Fotos können im Gruppen- oder Vorraum zusammen mit begleitenden und erklärenden Texten ausgestellt werden. Was für jede Projektarbeit gilt, ist im Krippenbereich ganz besonders bedeutsam: Der Weg ist das Ziel! Diese Haltung sollte sich auch in allen Präsentationen wiederspiegeln.

In der Reggio-Pädagogik wurde der Begriff der sprechenden Wände geprägt. Die Räume werden mit Dokumentationen der Prozesse und Ergebnisse eines Projekts ausgestaltet. Die **sprechenden Wände** dienen dabei in erster Linie den Kindern selbst und sollen es ihnen ermöglichen, diese Prozesse und ihre eigene Entwicklung bewusst wahrzunehmen. Eine Präsentation auf Augenhöhe der Kinder ist deshalb wünschenswert. Zugleich bieten sprechende Wände aber auch eine hervorragende Möglichkeit diese Prozesse und Entwicklungen Eltern zugänglich zu machen.

Wo aus räumlichen Gründen sprechende Wände nicht gut möglich sind, bieten **Projektordner** eine gute Alternative, den Verlauf eines Projekts festzuhalten. Ein Projektordner wird im Lauf eines Projekts mit der Dokumentation einzelner Angebote und Aktivitäten gefüllt. Werden Klarsichthüllen eingesetzt, kann der Ordner Kindern und Eltern frei zugänglich gemacht werden.

Digitale Bilderrahmen bieten eine schnelle, einfache und wenig aufwändige Möglichkeit mit Fotos Einblick in alle Projektprozesse zu geben. Elterninfos in Form von Aushängen oder **Elternbriefen** sind vorab sinnvoll, um Eltern über ein Projektthema und die Herangehensweise zu informieren.

Portfoliovorschläge als Download

Für viele der Spiel- und Beschäftigungsanregungen haben wir ansprechend formulierte und gestaltete Portfoliovorschläge als Download bereitgestellt. Die **vorformulierten Texte** können von der Projektleitung nach Bedarf exakt übernommen oder den individuellen Bedürfnissen angepasst und verändert werden. Beliebig können Namen oder Einzelheiten eingefügt oder herausgenommen werden. Mit wenig Zeitaufwand lassen sich so Portfolioseiten gestalten, die den unterschiedlichen Entwicklungsphasen einzelner Kinder gerecht werden.

Die Portfoliovorlagen bieten verschiedene Möglichkeiten:

- den Text nur auf die aktuelle Aufgabe hin zu formulieren, wenn ein neuer Entwicklungsschritt gemacht und eine Aufgabe bewältigt wurde.
- den Rückblick auf die Annäherung dazu zunehmen oder einen Ausblick für jüngere Kinder zu geben. Der Entwicklungsverlauf und Weg wird beschrieben, also z.B. wie ein Kind eine Aufgabe mit großer Ausdauer wiederholt probiert und sich nicht entmutigen lässt, bis die Bewältigung schließlich gelingt. Oder wie ein Kind sich etwas zuerst nicht zutraute, sich schließlich an eine neue Aufgabe wagt und sie kreativ und erfindungsreich bewältigt.

Portfolio-vorschlag

Ich bin mit meinen Händen sehr geschickt!

Ich kann eine tolle Kette aus bunten Knöpfen fädeln. Ich muss die kleinen Löcher treffen und meine Hände müssen gut zusammenarbeiten, damit die Knöpfe nicht immer wieder herunterfallen. Hier kannst du sehen, wie sehr ich mich anstrenge und wie schön meine Kette geworden ist. Als meine Knopfkette fertig war, habe ich sie mir umgehängt.

Portfolio-vorschlag

Ich kann krabbeln und balancieren!

Heute sind viele Kinder über unseren Balancierweg balanciert und da wollte ich es auch einmal ausprobieren. Es ist ziemlich schwer, das Gleichgewicht zu halten, aber ich hab eine gute Lösung gefunden: Ich bin einfach gekrabbelt und dann war ich sogar richtig schnell.

Mit diesem Link laden Sie die Portfolios herunter:
http://mini-projekte.oekotopia-verlag.de
Weitere Hinweise: → Impressum S. 2

- Besonders für die Jüngsten kann beschrieben werden, wie sie sich einem Angebot beobachtend annähern und sich schon darauf freuen, es eines Tages selbst zu probieren. In einer späteren Portfolioseite kann an die Zeit des Beobachtens erinnert und so der Entwicklungsverlauf eines Kindes anschaulich dargestellt werden.

Portfolio-vorschlag

Wir haben eine große Bogenbrücke!

Ich habe oft zugesehen, wie Jana und Tom über die Bogenbrücke geklettert sind. Heute habe ich mich getraut und es selbst ausprobiert. Manchmal trete ich noch daneben, aber ich weiß, dass es nicht mehr lange dauern wird, bis ich es schaffe und ganz allein über die Bogenbrücke steigen kann.

Die Welt ist bunt!

Einführende Informationen zu den Farbprojekten

Ausgangspunkt für Farbprojekte ist das zunehmende Interesse der Kinder an Farben. Immer häufiger fragen sie nach Farben und benennen die Farben verschiedener Objekte – häufig nicht korrekt, aber mit großer Freude und wachsender Trefferquote. Die Jüngeren orientieren sich bald an den Älteren und wollen die farblichen Eigenschaften verschiedener Dinge erkunden. Erste Sortierspiele ergeben sich wie von selbst. Ob Puppengeschirr, große Spielknöpfe, bunte Bausteine - Gegenstände werden nach Farben geordnet und sortiert.

Während so einer Phase bietet es sich an, sich vor allem mit den Grundfarben intensiver zu beschäftigen. Es ist sinnvoll, mit einer einzelnen Farbe zu beginnen und nach und nach das Farbenspektrum, mit dem die Kinder vertraut werden sollen, zu erweitern. Besonders geeignet dafür sind die Wochen vor Fasching. Rot ist häufig die erste Farbe, die Kinder kennen und benennen können. Deshalb beginnen wir mit Rot und „grüne, blaue und gelbe Wochen" folgen. Während des Faschings könnten die Mini-Farbprojekte mit einer bunte Woche enden.

Das Farbenprojekt wird mit etwas Fantasie abwechslungsreich und nicht nur optisch bunt. So können sich Kinder und ErzieherInnen passend zur Farbwoche kleiden oder ein einfarbiges Frühstück veranstalten. Traditionelle Lieder können umgedichtet und gemeinsam gesungen werden: zum Beispiel wird das Lied *„Grün, grün, grün sind alle meine Kleider"* ein wenig abgewandelt: *„...darum lieb ich alles, was so grün ist, weil heut grünes Frühstück ist."* Es stärkt die Farbwahrnehmung, wenn nur eine Stift- und Papierfarbe zur Verfügung stehen. Oder die Projektleitung mischt Lebensmittelfarbe mit Kleister und bewirkt ein taktiles und optisches Sinneserlebnis, wenn die Kinder damit malen. Ziel der Mini-Farbprojekte ist es, die Fähigkeit der Kinder Farben zu kennen, wieder zu erkennen und zu benennen, zu vertiefen.

Mini-Projekt 1:

Ein König zu Besuch

Mit Rudolph im Rotland

Rudolph, der König aus dem Rotland (Handpuppe mit rotem Mantel) kann die Kinder durch die roten Wochen begleiten. Alternativ kann eine andere rote Spielfigur eingesetzt werden. Rudolph kommt in den folgenden Tagen immer wieder zum Einsatz: Die Projektleitung regt die Kinder an, ihm rote Geschenke zu suchen. Sie lädt Rudolph zum Esstisch ein, wenn jemand etwas Rotes dabei hat. Er kommt in die Puppenecke und sucht für die Puppen rote Kleidung...

Der König aus dem Rotland

Alter: ab 2 Jahren
Dauer: 15 Minuten (offenes Ende)
Anzahl: 3 bis 5 Kinder
Material: rote Handpuppe (z.B. König mit rotem Gewand), Fensterbausteine mit roter Acrylscheibe (oder Pappbrille mit roter Folie herstellen), bunte Lego-Duplo-Bausteine, Legematerial wie Muggel- oder Schmucksteine
Vorbereitung: 5 Minuten (Herstellung einer roten Brille: 10 Minuten)

Zur Einführung erzählt die Projektleitung eine kurze Geschichte: Rudolph kommt aus dem Rotland und möchte die Kinder besuchen. Wie der Name schon sagt, ist bei ihm Zuhause alles rot. Er erzählt den Kindern von rotem Gras, Himmel, Straßen... Alles ist rot. Damit die Kinder sich das besser vorstellen können, schauen sie durch die rote Brille. König Rudolph hat ein wenig Heimweh und wünscht sich einen roten Palast, den die Kinder für ihn bauen sollen. Das Haus soll nur aus roten Bausteinen gebaut und mit rotem Legematerial geschmückt werden.

Portfolio-vorschlag

Ein König zu Besuch

Heute war König Rudolph zu Besuch. Er kommt aus einem Land, in dem alles rot ist. Ich habe es ausprobiert und durch eine rote Brille geschaut. Plötzlich war alles rot. Ich glaube, im Rotland sieht es lustig aus. Damit sich König Rudolph bei uns wohl fühlt, haben wir ihm ein großes rotes Haus gebaut und es schön geschmückt. Wir mussten uns genau absprechen und gut zusammenarbeiten.

Rote Kugel, du musst wandern

Spiellied nach der Melodie „Ringlein, Ringlein, du musst wandern", überliefert

Alter: 3 Jahre
Dauer: 5 Minuten
Anzahl: ab 4 Kindern
Material: rote Holzkugel

Die Kinder sitzen im Kreis und halten die Hände so aneinander, dass die Kugel darin Platz findet. Die Projektleitung wandert mit der Kugel im Kreis herum und tut so, als würde sie die Kugel in die Hände der Kinder fallen lassen und macht das schließlich auch. Am Ende sollen alle Kinder raten, in welchen Händen die Kugel verschwunden ist. Wer die Kugel hat, darf als nächstes im Kreis herum gehen.

Hinweis: Trotz Erklärung verstehen Kinder am Anfang nicht immer, dass es ein Geheimnis ist, wo sich die Kugel befindet. Nach mehreren Probedurchgängen funktioniert das Spiel. Selbst wenn es Kindern nicht gelingt, den Aufenthaltsort der Kugel geheim zu halten, haben sie Spaß am Lied und an der wandernden Kugel.

Rote Ketten

Alter: ab 2 Jahren
Dauer: 15 Minuten
Anzahl: 2 bis 3 Kinder
Material: je nach Alter der Kinder verschiedengroße Holzperlen, rote Schnüre, rote Pfeifenputzer, Eierkartons oder Einlagen von Pralinenschachteln als Sortierhilfe
Vorbereitung: 5 Minuten

Rudolph erzählt aus dem Rotland: Alle dort schmükken sich gerne mit edlem rotem Schmuck. Die Kinder können ihm helfen, rote Ketten und Armbänder herzustellen. Wer mag, darf auch für sich selbst eine Kette auffädeln. Je nach Alter der Kinder sortieren die Kinder das Fädelmaterial zuerst oder fädeln das bereitgestellte Material auf.

Hinweis: Je nach Alter und Fähigkeiten der Kinder werden nur große rote Perlen oder eine Mischung aus verschiedenfarbigen Perlen bereitgestellt. Jüngeren Kindern fällt das Fädeln mit den festen Pfeifenputzern viel leichter.

Portfolio-vorschlag

Eine schöne rote Kette

Rudolph hat sich eine neue Kette gewünscht. Natürlich sollte sie ganz rot sein. Deshalb musste ich die Perlen zuerst sortieren. Beim Fädeln musste ich die kleinen Löcher treffen und meine Hände mussten gut zusammenarbeiten, damit die Perlen nicht immer wieder herunterfielen. Hier kannst du sehen, wie sehr ich mich anstrenge und wie schön die Kette geworden ist. Als die Kette für Rudolph fertig war, habe ich gleich für mich auch noch eine Kette gefädelt und sie mir umgehängt.

Das rote Pferd

Melodie "Mylord" von Edith Piaf, Text überliefert

Alter: ab 2 Jahren
Dauer: 5 Minuten
Anzahl: beliebig
Material: Tücher in den Grundfarben, kleine „Fingerfliege"
Vorbereitung: Die Projektleitung malt sich auf den Zeigefinger zwei Augen und bindet sich ein kleines Stück Bast als Fliegenflügel um den Zeigefinger.

Die Kinder sitzen im Kreis. Die Projektleitung kommt als freche Fliege zu den Kindern geflogen und setzt sich auf verschiedene Körperteile. Die Kinder sollen die Fliege abwehren, was sie meist unwillkürlich tun. Es findet ein kurzes Gespräch darüber statt, wie verschiedene Tiere Fliegen abwehren können (mit der Haut zucken, sich am Boden wälzen, mit den Ohren wackeln, mit den Pfoten abstreifen, mit dem Schwanz wedeln). Die Kinder stellen sich im Kreis auf. Alle Kinder bekommen ein rotes Tuch. Sie singen das Lied und führen folgende Bewegungen aus:

Da hat das rote Pferd sich einfach umgekehrt	Alle Kinder drehen sich mit einem Hopser.
und hat mit seinem Schweif die Fliege abgewehrt.	Mit einem Arm eine abschüttelnde Bewegung machen.
Die Fliege war nicht dumm,	Zeigefinger an den Kopf tippen.
sie machte summ, summ, summ	Den Zeigefinger in einer kreisenden Bewegung vor dem Gesicht bewegen.
und flog mit viel Gebrumm ums rote Pferd herum.	Zeigefinger im Kreis drehen.

Variante: 2-3jährige Kinder können, wenn alle Grundfarben verinnerlicht sind, unterschiedliche Tücher bekommen. Sie singen das Lied mit verschiedenen Farbnennungen und es sollen sich immer nur die Pferde mit den genannten Farben umdrehen.

Ein roter Wandteppich – Malen mit Mehlfarben

Alter: ab 1 Jahr
Dauer: 5 – 20 Minuten
Anzahl: 1 bis 3 Kinder
Material: großes Malpapier;
für die Mehlfarbe: 200ml Wasser, 8 Esslöffel Mehl, Kirsch- oder Rote Beete-Saft; Abdeckplane, Klebeband, Schraubgläser Pinsel, Spachtel
Vorbereitung: 5 Minuten (Herstellung der Farben: 10 Minuten)

Die Kinder verrühren mit Hilfe der Projektleitung Wasser und Mehl mit dem Saft. Mit unterschiedlichen Säften werden verschiedene Rottöne erzeugt. Die Kinder experimentieren frei mit den Farben und malen mit Fingern, Händen oder unterschiedlichen Werkzeugen. Die Projektleitung hängt die getrockneten Bilder mosaikartig zusammengefügt an die Wand: Ein roter Wandteppich entsteht, bei dem die unterschiedlichen Rottöne schön zur Geltung kommen.

Portfolio-vorschlag

Roten Wandteppich gestalten!

Heute habe ich mit roten Fingerfarben gemalt. Zuerst habe ich ganz vorsichtig herausgefunden, wie sich die Farbe anfühlt. Das war spannend! Sie war warm und glitschig. Um Spuren auf dem Papier machen zu können, musste ich viel Farbe auf meine Finger oder die ganze Hand nehmen und fest auf der Unterlage verstreichen. Manchmal habe ich die Farbe einfach durch meine Finger gedrückt. Das hat viel Spaß gemacht! Wir haben alle unsere Bilder zusammen aufgehängt – das sieht aus wie ein großer Teppich an der Wand.

Rote Kugelwege

Alter: ab 1 Jahr
Dauer: 5 bis 10 Minuten
Anzahl: 2 bis 3 Kinder
Material: große Murmeln, Fingerfarben in verschiedenen Rottönen in flachen Schalen, Schuhkartons, Papier, kleine Löffel
Vorbereitung: 5 Minuten

Die Projektleitung schneidet das Papier passend für die Schuhkartons zu und legt es hinein. Die Kinder legen die Murmel in die Farbe, holen sie mit den Fingern oder einem kleinen Löffeln heraus und legen sie in den Karton. Sie nehmen den Karton auf und bewegen ihn hin und her. Es entstehen interessante rote Kugelwege. Das wiederholen sie mehrmals mit verschiedenen Rottönen.

Portfolio-vorschlag

Rote Kugelwege

Ich kann interessante rote Spuren hinterlassen. Ich habe dafür eine große Kugel verwendet und sie in rote Farbe getaucht. Weil ich die Kugel mit der Farbe nicht anfassen wollte, habe ich dazu einen Löffel verwendet. Beinahe wäre mir die Kugel vom Löffel gerollt. (oder: Als ich die Kugel aus der Farbe genommen habe, war sie ganz rot und rutschig und ich musste gut aufpassen, dass sie mir nicht aus der Hand rutscht.) Dann habe ich sie in den Karton mit dem Papier gelegt und ihn hin und her bewegt. Ich musste gut aufpassen, dass die Kugel nicht heraus purzelt. Die Kugel ist hin und her gerollt und dabei sind die roten Wege entstanden.

Große, rote Paprika

Alter: ab 2 Jahren
Dauer: 20 Minuten
Anzahl: 3 bis 5 Kinder
Material: Rote Paprika, Tomaten, Radieschen, rote Beete (eventuell vorgekocht), kleine Schälchen, Körbchen
Vorbereitung: 5 Minuten

Die Projektleitung schneidet das Gemüse in mundgerechte Stücke und verteilt es auf die Schälchen. Sie behält von jedem Gemüse ein ganzes Stück im Körbchen zurück. Das Gemüse befindet sich zunächst nicht im Blickfeld der Kinder. Rudolph erzählt den Kindern von dem gesunden roten Essen, das er so sehr liebt. Kennen die Kinder auch Lebensmittel, die rot sind? Rudolph holt das Körbchen mit dem Gemüse. Was kennen die Kinder? Was haben sie schon gegessen? Was schmeckt ihnen, was nicht? Rudolph bietet den Kindern an, zu kosten. Aber die Kinder sollen nicht einfach etwas aus den Schälchen nehmen, sondern Rudolph zählt mit dem folgenden Vers aus, wer kosten darf. Die Kinder haben freie Auswahl.

Große, rote Paprika sind für alle Kinder da,
Tomaten und Radieschen nur für das Lieschen,
rote Rüben, auch ganz kleine, sind für dich alleine!

Die Projektleitung fordert das ausgezählte Kind auf, etwas vom Teller auszuwählen.

Hinweis: Nach ein paar Durchgängen sprechen die Kinder den Vers gerne mit.

Portfolio-vorschlag

Große rote Paprika

Heute haben wir gesundes rotes Gemüse gekostet. Es gab rote Paprika, rote Tomaten und Radieschen und Rote Rüben (Beete). Hier kannst du sehen, was Rudolph alles für uns mitgebracht hat. Damit wir nicht alle gleichzeitig zugreifen, hat Rudolph ausgezählt. Das ging so: Große, rote Paprika sind für alle Kinder da, Tomaten und Radieschen nur für das Lieschen, rote Rüben, auch ganz kleine, sind für dich alleine! Die Radieschen waren sehr scharf! Mir haben am besten die ... (Gemüsesorte einsetzen) geschmeckt.

Rote Zaubermilch

Alter: ab 1 Jahr
Dauer: 10 Minuten
Anzahl: 2 bis 3 Kinder
Material: Erdbeeren oder andere Beeren (eventuell tiefgefroren), Milch, Mixer
Vorbereitung: 5 Minuten

Gemeinsam mit der Projektleitung waschen und putzen die Kinder die Beeren und füllen sie in ein hohes Rührgefäß. Sie geben Milch dazu und mixen. Fertig ist die rote „Zaubermilch".

Portfolio-vorschlag

Rote Zaubermilch zubereiten

Aus schönen roten Beeren und Milch haben wir rote Zaubermilch zubereitet. Zuerst mussten wir die Beeren gründlich waschen und alle Blätter abzupfen. Dann haben wir die Beeren zusammen mit der Milch gründlich gemixt, bis eine leckere rote Zaubermilch entstanden ist. Von den Beeren konnte man in der Milch gar nichts mehr finden. Die Milch hat sehr lecker geschmeckt!

Safteis

Alter: ab 1 Jahr
Dauer: 5 Minuten
Anzahl: beliebig
Material: rote Säfte, Wassereisförmchen mit Stiel oder Eiswürfelförmchen und Holzstäbchen
Vorbereitung: 5 Minuten (Gefrierzeit mindestens 2-3 Stunden)

Geschmackserlebnisse anderer Art erleben die Kinder, wenn sie Fruchtsäfte und Sirup zu Eis verarbeiten. Sie füllen Erdbeersirup oder Traubensaft in kleine Portionsformen mit Stiel und die Projektleitung friert sie ein.

Hinweis: Rudolph kann von einem Tag in Rotland erzählen, als es schrecklich kalt war und alles zu Eis wurde.

Farbe aus Obst und Gemüse

Alter: ab 2 Jahren
Dauer: 20 Minuten
Anzahl: 2 Kinder
Material: Rote Beete, Himbeeren, Erdbeeren (eventuell gefroren), Malerkittel, Haushaltsreiben, Papier

Die Projektleitung kann mit den Kindern auf dem Markt oder im Supermarkt rotes Obst und Gemüse kaufen. Ältere Kinder können Rote Bete selbst reiben und raspeln. Jüngere Kinder bekommen vorbereitete Raspel oder Beeren. Der rote Farbstoff tritt mit dem Saft aus und kann von den Kindern zusammen mit den Raspeln auf dem Papier verstrichen werden. Mit den Händen oder einem Baumwolltuch kann auch etwas Saft heraus gepresst werden.

Hinweis: Der rote Farbstoff färbt sehr stark und lässt sich schlecht auswaschen. Wo es möglich ist, können Kinder im Freien und nur in Windeln arbeiten.

Mini-Projekt 2:
Ein Krokodil am heißen Nil
Mit Gabi im Grünland

Gabi, ein grünes Krokodil kann die Kinder durch die grünen Wochen begleiten. Wenn die Farben Rot und Grün eingeführt sind, können diese Farben auch als Signalfarben eingesetzt werden. Kinder lernen die weltweit bekannte Bedeutung der Signalfarben kennen und erfahren, dass die Farbe Rot fast immer als Stop-, Verbots- oder Gefahrenzeichen zum Einsatz kommt, während die Farbe Grün meist für „freie Bahn" und „erlaubt" steht.

Gabi, das grüne Krokodil

Alter: ab 1 Jahr
Dauer: 5 – 10 Minuten
Anzahl: beliebig
Material: Handpuppe „Krokodil", Korb mit grünem Tuch als Schlafplatz für das Krokodil, Korb mit bunten und grünen Gegenständen (Alltagsmaterialien wie Bausteine, Wäscheklammern, Perlen, Spitzer, Buntstifte...), Tuch zum Abdecken
Vorbereitung: 5 Minuten

Die Projektleitung kündigt einen Gast an, den sie mitgebracht hat. Sie holt den Schlafkorb mit dem Krokodil Gabi hervor. Sie „weckt" das Krokodil und führt ein kurzes Zwiegespräch mit dem Krokodil, das noch sehr müde und ein wenig schüchtern ist. Gabi fragt die Projektleitung, ob die Kinder gefährlich sind. Die Projektleitung ermutigt das Krokodil mit den Kindern zu sprechen, weil alle nett und freundlich sind. Das Krokodil stellt sich namentlich vor, fragt die Kinder nach ihren Namen. Es erzählt ihnen, dass es schrecklich hungrig ist. Gabi mag nur grüne Sachen fressen. Das Krokodil fragt die Kinder, ob sie es füttern. Die Projektleitung spricht folgenden Reim:

Das grüne Krokodil
frisst immer schrecklich viel,
frisst grünes Gras
und dies und das,
... (Name einsetzen) gib mir was!

Das Kind, dessen Name genannt wurde, bringt dem Krokodil etwas aus dem Korb. Alle passen auf, ob der Gegenstand die richtige Farbe hat. Hat das Kind die falsche Farbe gewählt, lehnt das Krokodil ab. Sonst bedankt es sich und „futtert" den Gegenstand mit schmatzenden Geräuschen. Das nächste Kind gibt ihm etwas zu essen. Ältere Kinder helfen jüngeren Kindern. Satt und müde verabschiedet sich das Krokodil und legt sich schlafen. Oft wollen die Kinder Gabi, das grüne Krokodil, mehrmals täglich wecken und füttern und haben viel Spaß dabei.

Hinweis: Alle können zum Abschluss ein grünes Haus aus grünen Lego-Duplosteinen für Gabi bauen. Wird eine große Bodenplatte verwendet, kann das Krokodilkörbchen hineingestellt werden. Genau wie Rudolph kommt Gabi in den folgenden Tagen immer wieder zum Einsatz.

Das Krokodil vom Nil

überliefert

Alter: ab 1 Jahr
Dauer: 5 Minuten
Anzahl: beliebig
Material: Bilder von Krokodilen in einem Fluss und von einem Kakadu

Die Projektleitung erzählt den Kindern, dass ein Kakadu ein Vogel ist und Krokodile in Flüssen leben. Ganz besonders große Krokodile leben in einem Fluss in Afrika, der Nil heißt. Alle spielen das Fingerspiel:

Es schwimmt auf dem Nil, es schwimmt auf dem Nil	Hände aneinander legen und schwimmende Bewegungen machen.
ein großes grünes Krokodil.	Mit beiden Händen eine weit ausholende Bewegung machen, um die Größe des Krokodils zu zeigen.
Macht's Maul weit auf, macht's Maul wieder zu	Die Hände aneinander legen, öffnen und wieder zu klappen.
und frisst den kleinen Kakadu.	Zeigefinger, Daumen und Mittelfinger einer Hand als Kakadu aufeinander legen.
Der König sprach: „Du lass das sein!	Eine drohende Bewegung mit einem Zeigefinger machen.
Sonst sperr ich dich in eine Kiste ein."	Mit den Zeigefingern beider Hände ein Rechteck – als Kiste in die Luft zeichnen.
Jetzt schwimmt auf dem Nil, jetzt schwimmt auf dem Nil	Hände aneinander legen und schwimmende Bewegungen machen.
ein großes grünes Krokodil.	
Macht's Maul weit auf, macht's Maul wieder zu	Die Hände aneinander legen, öffnen und wieder zuklappen.
– und lässt den kleinen Kakadu in Ruh.	Zeigefinger, Daumen und Mittelfinger einer Hand als Kakadu aufeinander legen.

Da kommt ein Krokodil

Alter: ab 2 Jahren
Dauer: 5 Minuten
Anzahl: ab fünf Kindern
Material: grüne Schildmütze oder grüner Umhang, ersatzweise grünes Tuch

Alle Kinder stehen im Kreis. Die Projektleitung setzt sich eine grüne Schildmütze auf und zieht einen grünen Umhang an. Sie ist das Krokodil und geht in die Mitte des Kreises. Das Krokodil wandert im Kreis herum und bildet mit beiden Armen und Händen ein großes Krokodilmaul, mit dem es ununterbrochen klappert, indem es Arme und Hände öffnet und schließt. Die Projektleitung spricht den folgenden Vers:

Da kommt ein grünes Krokodil,
das alle Kinder fangen will.
Es klappert und klappt,
bis es ganz plötzlich... schnappt.

Vor „*... schnappt.*“ macht das Krokodil eine Pause, um ganz unvermittelt zuzuschnappen. Das geschnappte Kind wird das neue Krokodil.

Hinweis: Zunächst bleiben die Kinder im Kreis stehen und nur das Krokodil bewegt sich. Nach mehreren Runden ohne Rollentausch bis die Kinder das Prinzip verstanden haben, darf ein Kind Krokodil sein. Haben die Kinder schon häufiger gespielt, kann mehr Bewegung ins Spiel kommen, indem alle durch den Raum gehen oder rennen.

Ein Krokodil fährt Auto

Nach der Melodie:
Wir fahren mit dem Auto,
überliefert

Alter: ab 1 Jahr
Dauer: 5 Minuten
Anzahl: beliebig

Ein Krokodil fährt Auto *in die weite Welt.* *Ein Krokodil fährt Auto,* *wohin es ihm gefällt.*	An den Händen fassen und im Kreis gehen.
Die Ampel rot, schon *bleibt es stehn.*	Alle bleiben stehen.
Die Ampel grün, kann's *weitergehn.*	Alle gehen weiter.
Ein Krokodil fährt Auto *in die weite Welt.*	Im Kreis gehen.

Hinweis: Die Kinder können neue Strophen erfinden. Das Krokodil kann auch Fahrrad, Dreirad, Bobbycar, Omnibus, Eisenbahn, Traktor... fahren.

Ein Krokodil in der Stadt

Alter: 3 Jahre
Dauer: 10 bis 20 Minuten
Anzahl: beliebig
Material: rote und grüne Tücher für jedes Kind, Krokodil-Handpuppe
Vorbereitung: 5 Minuten

Die Kinder sitzen in einem großen Kreis. Die Projektleitung erzählt den Kindern die Geschichte des kleinen Krokodils, das vom Nil kommt und noch nie eine Ampel gesehen hat. Wissen die Kinder, wie man sich an einer roten oder grünen Ampel verhalten muss? Alle wollen gemeinsam mit dem Krokodil üben, das einen erhöhten Platz bekommt und ganz genau zusieht.

Die Kinder stehen auf, die Projektleitung nimmt ein rotes und ein grünes Tuch und geht in die Mitte des Kreises. Sie spricht folgenden Vers:

> *Das Krokodil kommt in die Stadt, in der es viele Ampeln hat.*
> *Grün sagt: „Geh!" und Rot sagt: „Steh!"*

Die Projektleitung wiederholt den Vers mehrmals, wobei sie jeweils das entsprechende farbige Tuch hoch hebt und auf der Stelle geht oder betont die Füße auf den Boden stellt. Nach mehreren Durchgängen verändert sie die Reihenfolge der Signale oder wiederholt ein Signal mehrmals. Etwa so:

> *Das Krokodil kommt in die Stadt, in der es viele Ampeln hat.*
> *Grün sagt: „Geh!" und Rot sagt: „Steh!" Rot sagt „Steh!" Grün sagt „Geh!" rot... grün... grün... rot... grün...*

Die Kinder bewegen sich den Signalen entsprechend mit. Nach einiger Übung bewegen sie sich dem Text entsprechend schnell durch den Raum oder bleiben stehen.

Variante 1: Alle Kinder bekommen je ein rotes und ein grünes Tuch. Die Projektleitung nimmt das Krokodil und geht mit ihm durch den Raum. Auch die Kinder bewegen sich durch den Raum. Die Projektleitung geht mit dem Krokodil auf ein Kind zu und beginnt einen Teil des Reims zu sprechen: *„Das Krokodil kommt in die Stadt, in der es viele Ampeln hat."* Das Kind, vor dem sie steht, darf den Vers in einer beliebigen Reihenfolge ergänzen. Endet der Vers mit *„geh"*, geht die Projektleitung eine Runde um das Ampelkind herum und tauscht dann mit ihm die Rollen. Endet der Vers mit *„steh"*, bleibt die Projektleitung stehen und die Rollen werden getauscht.

Portfolio-vorschlag

Grün sagt: *„Geh!"* und Rot sagt: *„Steh!"*

Stell dir vor, dort am Nil, wo Gabi herkommt, gibt es keine Ampeln. Deshalb haben wir heute mit ihr geübt, wann sie gehen darf und wann sie stehen bleiben muss. Das ist gar nicht so einfach. Damit sie es sich gut merken kann, haben wir den folgenden Vers gesprochen: Das Krokodil kommt in die Stadt, in der es viele Ampeln hat. Grün sagt: *„Geh!"* und Rot sagt: *„Steh!"*

Ein grüner Wandteppich

Alter: ab 1 Jahr
Dauer: 5 – 20 Minuten
Anzahl: 1 bis 2 Kinder
Material: grüne Stoffreste, Wolle und Schnüre, grüne Farben (Holzfarben, Filzstifte und Wachsmalkreiden), Scheren, Klebe, (hellgrüner Tonkarton)
Vorbereitung: 5-10 Minuten

Wenn die Kinder schon mit der Schere umgehen können, können sie Stoffschnipsel, Wolle oder Schnüre selbst abschneiden. Andernfalls erhalten sie eine Auswahl verschieden großer und langer Schnipsel und Abschnitte. Die Kinder kleben die Teile willkürlich auf das Papier. Wer mag, kann in den Lücken mit den verschiedenen grünen Farben malen.

Hinweis: Wenn die einzelnen Bilder mosaikartig an die Wand gehängt werden, entsteht ein grüner Wandteppich, bei dem die unterschiedlichen Grüntöne schön zur Geltung kommen. Hängt der grüne Wandteppich direkt neben dem roten Wandteppich haben die Kinder sehr gut den Unterschied der Farben im direkten Vergleich vor Augen.

Portfolio-vorschlag

Ein grüner Wandteppich

Heute habe ich mit grünen Stoffen, Wolle und Schnüren ein tolles Bild gestaltet. Wenn mir eine Schnur zu lang oder ein Stoffschnipsel zu groß war, habe ich sie kleiner abgeschnitten. Dabei habe ich gemerkt, dass es viel schwerer ist, mit der Schere Stoff und Wolle zu schneiden, weil sie viel dicker sind als Papier. Ich habe Klebe auf das Papier gestrichen und die Schnipsel gut darauf festgedrückt. Das hat viel Spaß gemacht! Wir haben alle unsere Collagen zusammen aufgehängt – das sieht aus wie ein großer grüner Teppich an der Wand.

Ein grüner Schnipsel-Schatten-Baum

Alter: ab 2 Jahren
Dauer: 20 Minuten
Anzahl: 2 bis 3 Kinder
Material: Tonpapier, Tonkarton oder Pappe, grüne Papierreste, Seiten aus Zeitschriften in Grüntönen, Klebestifte oder Kleister
Vorbereitung: 5-15 Minuten

Die Projektleitung schneidet einen großen oder mehrere kleine Bäume und Krokodile aus festem Papier aus. Die Projektleitung zeigt den Kindern das Krokodil. Es erzählt den Kindern, dass es am Nil sehr heiß ist, weil die Sonne immer scheint. Das Krokodil bittet die Kinder ihm zu helfen und einen Schattenbaum zu gestalten. Die Kinder reißen Schnipsel aus grünem Papier. Die Schnipsel kleben sie als Blätter auf die vorbereiteten Bäume. 1-jährige Kinder reißen Schnipsel. 2- bis 3-jährige Kinder schneiden von schmalen Papierstreifen auch Schnipsel ab.

Variante: Die Kinder kleben einen großen Baum als Gemeinschaftsarbeit.

Portfolio-vorschlag

Ein grüner Schattenbaum

Meinem kleinen Krokodil ist es immer schrecklich heiß in der Sonne, deshalb habe ich ihm einen großen Schattenbaum gebastelt unter dem es sich ausruhen kann.
Zuerst musste ich viele kleine Schnipsel reißen (oder schneiden). Das ging gar nicht so einfach. Ich musste sehr geschickt sein und meine Hände mussten gut zusammenarbeiten. Dann habe ich den Baum mit Klebe (Kleister) eingestrichen und alle Schnipsel aufgeklebt. So ist ein schönes Blätterdach entstanden. Manchmal sind die Schnipsel an meinen Fingern hängen geblieben und ich habe sie kaum noch wegbekommen.

Ein grünes Gurkenkrokodil

Alter: ab 1 Jahr
Dauer: 15 Minuten
Anzahl: 2 bis 3 Kinder
Material: 2 Salatgurken, eventuell Essiggurken, Weintrauben, etwas dickere Käsescheiben, Minitomaten, kleinen Mozzarellakugeln, eine Karotte, 2 Gewürznelken, Zahnstocher oder kleine Partyspieße
Vorbereitung: 10 Minuten

Die Projektleitung wäscht die Gurken und bereitet sie auf einem Teller vor. Damit sie nicht wegrollen, schneidet sie an der Unterseite ein wenig ab, oder befestigt zur Stabilisierung Essiggurken mit Zahnstochern als Beine an den Seiten. Ein Ende jeder Gurke schneidet sie ca. 5cm lang ein und ritzt oben und unten in die Schale kleine Zacken als Zähne. Aus einer Karottenscheibe oder einem Paprikastreifen bildet sie die Zunge, durch die das Krokodilmaul weit geöffnet bleibt. Kleine Mozzarellakugeln oder Weintrauben und Gewürznelken als Pupille bilden die Augen. Aus dem Käse bereitet sie kleine Dreiecke vor. Die Kinder stecken jeweils eine Weintraube oder eine kleine Tomate und ein Stück Käse auf einen Zahnstocher und dann in die Gurke, bis der ganze Krokodilrücken mit Zahnstochern bedeckt ist. Sie können dabei mit den Steckern Reihen bilden oder sie einfach willkürlich aufstecken.

Hinweis: Natürlich ist jedes andere Gemüse und Obst für den Krokodilrücken geeignet, z.B. halbierte Radieschen, Paprikastücke... oder kleine Wurststükkchen etc. Die Teile sollten nicht zu hart und zu dick sein, sonst fällt es den Kindern schwer sie aufzuspießen. Für jüngere Kinder bereitet die Projektleitung das Gurkenkrokodil vor und alle essen es gemeinsam.

Portfolio-vorschlag

Wir haben ein Krokodil verspeist

Heute haben wir aus einer großen Gurke, Tomaten, Käse... (einfügen was verwendet wurde) ein leckeres Krokodil gezaubert. Es hat so gefährlich ausgesehen, dass wir es erst gar nicht essen wollten. Dabei hat es so lecker geschmeckt.

Gabi hat Durst – Farben mischen mit der Pipette

Alter: ab 2 Jahren
Dauer: 10 Minuten
Anzahl: 2 bis 3 Kinder
Material: Wasser, Lebensmittelfarbe oder Krepppapier in gelb und blau, Pipetten, ein kleines Trinkschälchen für das Krokodil
Vorbereitung: 5 Minuten

Die Projektleitung färbt das Wasser mit Krepppapier oder Lebensmittelfarbe gelb und blau. Sie bringt Gabi, das Krokodil ins Spiel. Gabi hat Durst, aber wie immer ist sie ein wenig heikel: Sie mag nur grünes Wasser trinken. Die Projektleitung hat überall gesucht, aber kein grünes Wasser gefunden. Dafür hat sie gelbes und blaues Wasser entdeckt. Sie möchte zusammen mit den Kindern einen Zaubertrick ausprobieren. Unter viel geheimnisvollem Gemurmel nimmt sie mit der Pipette gelbes Wasser und träufelt es in das Trinkschüsselchen. Dann tropft sie blaues Wasser dazu. Die Kinder sind erstaunt und fasziniert. Gabi „trinkt" eifrig das Wasserschüsselchen leer. Ob der Zaubertrick ein zweites Mal gelingt? Ältere Kinder starten selbst einen Versuch.

Hinweis: Anstatt der Pipetten können auch kleine Fläschchen verwendet werden und das Wasser wird in einem Glas zusammengeschüttet.

Portfolio-vorschlag

Gabi hatte Durst!

Heute hatte unser Krokodil Gabi großen Durst. Sie wollte nur etwas Grünes trinken. Da haben wir für sie gezaubert. Wir haben gelbes und blaues Wasser gemischt und tatsächlich ist das Wasser grün geworden. Da hat sich unser Krokodil vielleicht gefreut!

Mit Gras malen

Alter: ab 1 Jahr
Dauer: 20 Minuten
Anzahl: beliebig
Material: Gras, Wiesenpflanzen, Blätter, festes weißes Papier

Die Projektleitung sammelt bei einem kleinen Spaziergang mit den Kindern Gras, Blätter und Blüten. Die Kinder drücken und reiben das Grünzeug in der Hand. Mit dem austretenden Saft hinterlassen sie grüne Spuren auf dem Papier.

Hinweis: Für jüngere Kinder sollte die Projektleitung „vorquetschen".

Mini-Projekt 3:
Der Löwe aus der Dunkelheit
Mit Gerd im Gelbland

Gerd, ein prächtiger gelber Löwe, kann die Kinder durch die gelben Wochen begleiten. Beim Farbenmischen für Gabi, das Krokodil, sind die Kinder bereits mit der Farbe Gelb in Berührung gekommen. Hier bieten sich natürlich weitere Experimente an. Die meisten Kinder mögen die helle sonnige Farbe Gelb sehr gerne und bringen sie mit der warmen, strahlenden Sonne in Verbindung.

Gerd, der Löwe aus der Dunkelheit

Alter: ab 2 Jahren
Dauer: 10 Minuten
Anzahl: 2 bis 3 Kinder
Material: Handpuppe Löwe, eventuell als Sockenpuppe mit Bast selbst gestalten, Schwimm- oder Taucherbrille, schwarzes Tonpapier
Vorbereitung: 5 Minuten

Die Projektleitung klebt die Scheiben der Brille mit Tonpapier ab. Die Projektleitung stellt die Löwenhandpuppe Gerd vor und erzählt mit ihr eine kleine Geschichte: Gerd lebt in einer wunderschönen Steppe in Afrika. Dort scheint fast immer die Sonne und es ist sehr warm. Aber jetzt ist etwas sehr Ungewöhnliches passiert: Die Sonne ist plötzlich verschwunden. Und so sehr die Tiere auch gesucht haben, sie konnten sie nicht wiederfinden. Gerd erzählt ausführlich, wo sie überall gesucht haben (und verwendet dabei viele Präpositionen). Die Tiere fingen ohne die Sonne an zu frieren und wurden sehr traurig. Das wollte und konnte Gerd nicht länger mitansehen. Er sucht nach Kindern, die ihm helfen eine Sonne zu gestalten, die Gerd mit in seine Heimat nehmen kann. Ob die Kinder Gerd wohl helfen? Die Kinder schauen abwechselnd durch die abgeklebte Brille. Sie basteln gemeinsam eine große Sonne.

Sonnenaufgang

Alter: ab 2 Jahren
Dauer: 10 Minuten
Anzahl: 3 bis 5 Kinder
Material: verschiedene Glockenspiele, Triangeln, Handpuppe Löwe, Tuch und Decke
Vorbereitung: 5 Minuten

Die Projektleitung beginnt mit verschiedenen Impulsfragen. Z.B.: Wann gehst du schlafen – morgens oder abends? Wann stehst du auf? Ist es dann hell oder dunkel? Was fehlt, wenn es dunkel ist? Unsere Kinder haben geantwortet: „Nachtlicht, Kerze, Sonne." Die Projektleitung bespricht mit den Kindern, wie morgens die Sonne aufgeht, mittags oben am Himmel steht und abends wieder untergeht. Alle Kinder beschreiben mehrmals mit ihrem Arm in einer weit ausholenden Bewegung die Bahn der Sonne. Die Projektleitung bringt die Löwen-Handpuppe ins Spiel, die noch einmal kurz die Geschichte von der verschwundenen Sonne erzählt. Alle Tiere, auch Gerd, der Löwe, fürchten sich, wenn es dunkel ist. Deshalb schlafen dann alle ganz tief und fest und warten, bis die Sonne wieder scheint. Gerd möchte die Geschichte mit den Kindern spielen und legt sich in die Mitte unter ein Tuch oder eine Decke, um zu schlafen. Die Kinder geben Gerd ein Zeichen, wenn die Sonne aufgeht und spielen auf den Glockenspielen und anderen Klanginstrumenten. Dazu sprechen alle den folgenden Reim und spielen auf den Instrumenten.

Die Sonne wohnt am Himmel,
wir machen viel Gebimmel.
Sie schenkt dir Licht,
drum schlaf jetzt nicht.

Den Vers und den rechtzeitigen Einsatz der Instrumente üben alle ein paar Mal, bevor sich Gerd unter der Decke schlafen legt und sich von den Kindern wecken lässt. Die größte Herausforderung ist es, die Instrumente ruhig zu halten, bis die Projektleitung den Kindern ein Zeichen gibt. Nach einigen Wiederholungen können Kinder, die sich trauen, zusammen mit Gerd unter die Decke schlüpfen und ganz still warten, bis sie vom Klang der Instrumente geweckt werden.

Wir gehen heut auf Löwenjagd

überliefert

Alter: ab 1 Jahr
Dauer: 5 Minuten
Anzahl: beliebig

Wir gehen heut auf Löwenjagd, wer geht mit?	Alle sitzen oder stehen im Kreis und klatschen rhythmisch auf die Oberschenkel.
Wir haben keine Angst!	Mit dem Zeigefinger eine verneinende Bewegung ausführen. Die Hand über die Augen führen, als würde Ausschau gehalten.
Huch ein Berg.	Auf einen imaginären Berg deuten.
Drüber geht's nicht,	Beide Arme hoch.
drunter geht's nicht,	Nach unten.
außen rum geht's nicht,	Weit auseinander gestreckt.
also mitten durch.	Mit einer entschlossenen Handbewegung nach vorne führen.
Buddel, buddel, buddel...	Mit den Händen grabende Bewegungen ausführen.
Puh, geschafft!	Den imaginären Schweiß von der Stirn wischen.

Gemeinsam mit den Kindern erfindet die Projektleitung weitere Strophen. Sie watscheln durch den Sumpf, schwimmen durch den See, sägen sich einen Weg durch den Wald frei usw. Die Grundbewegungen wiederholen sich zu allen Strophen dem Text entsprechend. Nur die Bewegungen zu den Aktionen werden angepasst: Alle watscheln, schwimmen und sägen mit den Händen und wiederholen zuletzt alle Bewegungsabläufe in umgekehrter Reihenfolge:

Wir gehen heut auf Löwenjagd, wer geht mit? Wir haben keine Angst! Huch ein Löwe. Drüber geht's nicht, drunter geht's nicht, außen rum geht's nicht, also zurück. Säg, säg, säg, schwimm, schwimm, schwimm, watschel, watschel, watschel, buddel, buddel, buddel... Puh, geschafft!

Sonnencollage

Alter: ab 1 Jahr
Dauer: 20 bis 30 Minuten
Anzahl: 3 bis 4 Kinder
Material: verschiedene Papiersorten z.B. Glanzpapier, Seidenpapier, Tonpapier, Transparentpapier, Zeitschriftenausschnitte in den Farbtönen gelb bis orange, Materialschalen, Tapetenkleister, Folie oder Plastiktischdecke als Unterlage
Vorbereitung: 5 Minuten

Die Projektleitung rührt Tapetenkleister an und füllt ihn in mehrere Schälchen. Die Kinder schneiden oder reißen für das Innere der Sonne viele kleine Schnipsel aus den verschiedenen Papieren und sammeln sie in Schälchen. Haben die Kinder genug Schnipsel gesammelt, kleben sie diese mit Tapetenkleister mosaikartig, immer leicht überlappend zu einer großen Sonne zusammen. Dabei können die Kinder ruhig großzügig mit dem Kleister hantieren, damit die einzelnen Papierstücke gut aneinander haften. Aus festem Tonpapier reißen sie lange schmale Streifen und kleben sie als Strahlen hinten an die Sonne.

Portfolio-vorschlag

Eine Sonne für Gerd

Gerd und seine Freunde vermissen die Sonne. Deshalb haben wir ihm eine große Sonne gebastelt. Zuerst haben wir viele kleine, gelbe Schnipsel gerissen und geschnitten. Das ging gar nicht so einfach und unsere Hände mussten gut zusammenarbeiten. Dann haben wir die gelben Schnipsel mit Kleister eingestrichen und zusammengeklebt. Als alles trocken war, hat die Sonne noch Strahlen bekommen.

Ein gelber Wandteppich – Collage

Alter: ab 1 Jahr
Dauer: 5 – 20 Minuten
Anzahl: 1 bis 2 Kinder
Material: gelbe Federn, Wattebäusche, Knöpfe, Sand, gelbe Farben (Holzfarben, Filzstifte und Wachsmalkreiden), festes Papier, am besten gelbes Tonpapier oder Tonkarton für jedes Kind, Scheren, Klebe
Vorbereitung: 10 Minuten

Die Kinder kleben die Teile willkürlich auf das Papier, bestreichen eine Fläche mit Klebe und streuen den gelben Sand darauf. Wer mag, kann mit den gelben Farben Lücken ausmalen.

Hinweis: Die Bilder können nebeneinander als gelber Wandteppich aufgehängt werden und ergänzen den grünen und roten Wandteppich.

Portfolio-vorschlag

Ein gelber Wandteppich

Heute habe ich mit gelber Watte, Federn und Sand (Materialien einfügen) ein leuchtendes Bild gestaltet. Ich habe Klebe auf das Papier gestrichen, unterschiedliche Materialien darauf gelegt und alles gut festgedrückt. Dabei habe ich gespürt, wie unterschiedlich sich die Watte, die Federn und der Sand angefühlt haben. Die Watte war ganz weich, die Federn ganz glatt und fest oder ein bisschen flauschig. Der Sand hat sich kratzig angefühlt. Das war spannend und hat Spaß gemacht! Wir haben alle unsere Collagen zusammen aufgehängt und ich finde der gelbe Wandteppich leuchtet und strahlt sehr schön.

Leo – Löwenkopf aus Pappteller

Alter: ab 2 Jahren
Dauer: 20 Minuten
Anzahl: 1 bis 2 Kinder
Material: Pappteller, gelbe, braune und schwarze Fingerfarbe, dicke und dünne Pinsel, schwarze Tonpapierreste, Klebstoff, Scheren
Vorbereitung: 5 Minuten

Gerd ist ein bisschen einsam und wünscht sich Löwengesellschaft. Die Kinder basteln ihm Freunde. Die Kinder bemalen den Pappteller mit gelber Farbe. Aus schwarzen oder braunen Tonpapierresten reißen sie Augen und eine Nase und kleben sie auf den gelben Pappteller. Beim Malen der Schnurrhaare ist die Projektleitung behilflich. Die Kinder schneiden den Tellerrand, der sich bei Papptellern ein wenig abhebt, beliebig oft ein und drücken ihn ein wenig nach vorne und hinten. So entsteht die Löwenmähne.

Hinweis: Die Tonpapieraugen können für jüngere Kinder auch vorbereitet werden. Das Schneiden der Löwenmähne macht schon den jüngeren Kindern Spaß, weil nur kurze Einschnitte nötig sind und sich die dünne Pappe gut schneiden lässt.

Portfolio-vorschlag

Ein gelber Löwenfreund für Gerd

Heute habe ich einen gelben Löwen gebastelt. Ich habe mit Fingerfarben einen Pappteller gelb angemalt. Das hat sich interessant angefühlt. Als alles trocken war, musste ich dem Löwen noch Augen und eine Nase aufkleben und eine Mähne schneiden. Unser Löwe Gerd war ganz begeistert von seinem neuen Freund. Ich finde, mein Löwe sieht ein bisschen gefährlich aus.

Obstsalat

Alter: ab 2 Jahren
Dauer: 20 Minuten
Anzahl: 2 bis 3 Kinder
Material: gelbe Äpfel, Birnen, Zitronen, Bananen, Honigmelonen, eine Schürze für jedes Kind, Schneidebrettchen, Obstmesser, Zitronenpresse, Abfallbehälter, Schüssel, Rührlöffel

Die Kinder sitzen am Tisch. In der Mitte steht noch verdeckt ein Obstkörbchen. Nacheinander greifen Kinder in das Körbchen und holen ein Obststück heraus. Kennt das Kind das Obst, wird es benannt und auf den Tisch gelegt, andernfalls helfen die anderen Kinder weiter und benennen es. Wer weiß, wie das Obst schmeckt und welche Konsistenz es hat – süß oder sauer, weich oder hart, saftig? Welche Farbe hat das Obst?

Die Projektleitung informiert die Kinder über das Vorhaben einen Obstsalat zuzubereiten. Welches Obst muss gewaschen, welches geschält werden? Was passiert mit der Zitrone? Die Kinder schälen die Bananen und schneiden sie klein. Die Projektleitung putzt die Äpfel und Birnen und zeigt den Kindern, wie sie das Obst am besten hinlegen, damit es nicht wegrutscht: Die glatte Schnittfläche liegt auf dem Brett. Sie presst den Zitronensaft aus und vermengt alle Zutaten in der Schüssel. Während der Obstsalat ein wenig durchzieht, decken alle gemeinsam den Tisch. Die Kinder, die an der Zubereitung beteiligt waren, erzählen den anderen Kindern, welche Zutaten verwendet und wie sie verarbeitet wurden und alle lassen es sich schmecken.

Hinweis: Beachten Sie mögliche Allergien!

Portfolio-vorschlag

Obstsalat zubereiten

Heute haben wir aus gelben Äpfeln, Birnen, Zitronen, Bananen und Honigmelonen einen Obstsalat zubereitet. Dafür mussten wir das Obst waschen, schälen und klein schneiden. Ich habe mir die Hände gewaschen und eine Schürze angezogen. Dann habe ich eifrig mitgeholfen. Ich kann sehr geschickt mit dem Messer umgehen. Beim Schneiden passe ich gut auf meine Finger auf. Nachdem wir alles fertig geschnitten und mit Zitronensaft gemischt hatten, machte es genau so viel Spaß, den Tisch schön herzurichten und alle zum Essen einzuladen.

Bananenmilch

Alter: ab 2 Jahren
Dauer: 10 Minuten
Anzahl: 2 bis 3 Kinder
Material: Bananen, Milch, Mixer, Rührschüssel, eventuell eine Schürze für jedes Kind, Schneidebrettchen, Obstmesser, Abfallbehälter, Strohhalme

Die Kinder sitzen am Tisch. In der Mitte stehen die Bananen. Wer weiß, wie Bananen schmecken – süß oder sauer, sind sie weich oder hart? Welche Farbe hat das Obst? Die Projektleitung informiert die Kinder über das Vorhaben, gemeinsam aus den Bananen und der Milch eine Bananenmilch zuzubereiten. Die Kinder schälen die Bananen, schneiden sie in Stücke und füllen sie mit der Milch in den Mixer. Für jedes Kind wird eine Bananenscheibe zurückbehalten, die als Dekoration ans Glas gesteckt wird. Die Projektleitung bedient den Mixer und füllt die Bananenmilch in Gläser. Die Kinder dekorieren jedes Glas mit einer Bananenscheibe und servieren das Getränk den anderen Kindern mit Strohhalmen.

Kinder, die an der Zubereitung beteiligt waren, erzählen den anderen Kindern, welche Zutaten sie verwendet haben und wie sie verarbeitet wurden.

Hinweis: Das Schneiden der weichen Bananen ist eine gute Gelegenheit für Schneideübungen der Jüngsten.

Farbenexperimente

Alter: ab 2 Jahren
Dauer: 20 Minuten
Anzahl: 2 Kinder
Material: Wasser in Gläsern oder klaren Flaschen und Bechern, Pipetten, Glasschälchen, bis zu drei Lebensmittel- und Fingerfarben, Papier, Pinsel
Vorbereitung: 5 Minuten

Die Projektleitung bereitet mit gelbem, rotem und blauem Krepppapier oder Lebensmittelfarbe gefärbtes Wasser vor, oder sie stellt die Gläser, Flaschen und Becher bereit und die Kinder färben das Wasser selbst ein. Falls die Kinder bereits Wasser für Gabi, das grüne Krokodil gefärbt haben, knüpft die Projektleitung an diese Erfahrung an. Sie zeigt den Kindern, wie sie Wasser aus zwei Fläschchen, also mit zwei verschiedenen Farben, in ein Schälchen schüttet. Die Kinder beobachten die Farbveränderung. Die Kinder hantieren frei mit den verschieden gefärbten Flüssigkeiten und experimentieren.

Hinweis: Die Projektleitung stellt Papier und Fingerfarben bereit. Die Kinder führen ihre Farbexperimente auf dem Papier fort.

Portfolio-vorschlag

Mit Farben zaubern

Heute habe ich Wasser in verschiedenen Farben gemischt. Das war sehr spannend, weil aus zwei Farben eine neue Farbe entstanden ist. Ich finde, das ist ein toller Zaubertrick.

Drucken und malen mit Löwenzahn

Alter: ab 1 Jahr
Dauer: 20 Minuten
Anzahl: beliebig
Material: Löwenzahnblüten, festes weißes und dunkles Papier

Bei einem kleinen Spaziergang sammelt die Projektleitung mit Kindern Löwenzahnblüten. Löwenzahn färbt sehr stark gelb. Ein paar Tupfen auf dem Handrücken genügen schon, um das zu demonstrieren. Die Kinder experimentieren auf der Haut, dem Pflaster und auf den verschiedenen Papiersorten. Besonders auf schwarzem Papier kommt das Gelb eindrucksvoll zur Geltung.

Mini-Projekt 4:
Ein Fisch im Wasser
Mit Bobby im Blauland

Bobby, ein lustiger kleiner Fisch, kann die Kinder durch die blauen Wochen begleiten. Die Kinder lieben die Geschichte des blauen Fisches, der aus einer blauen Unterwasserlandschaft kommt und von spannenden Abenteuern und einer fremden Welt erzählen kann. Dabei zieht sich die Geschichte, begleitet vom Lied der fünf kleinen Fische, die in den blauen Teich wollen, durch die blauen Wochen.

Bobby, der Fisch

Alter: ab 2 Jahren
Dauer: 15 bis 20 Minuten (offenes Ende)
Anzahl: 3 bis 5 Kinder
Material: Handpuppe oder Waschhandschuh Fisch, Fensterbausteine mit blauer Acrylscheibe (oder Pappbrille mit blauer Folie bekleben), Glasschale, große Vase oder Aquarium, blaue, gelbe, rote und grüne Tülltücher
Vorbereitung: 5 Minuten (Herstellung einer Brille 10 Minuten)

Zur Einführung erzählt die Projektleitung mit Bobby eine kurze Geschichte vom blauen Meer und einer spannenden Unterwasserwelt, in der es viele Pflanzen gibt, die wie Fäden im Wasser schweben. „Unter Wasser", sagt Bobby, „sieht alles ganz blau aus." Die Kinder schauen durch die blaue Brille, damit sie sich das besser vorstellen können. Aber nicht alles ist so toll im großen Meer. Bobby ist einer von mehreren Fischen, die im großen Meer gelebt haben und sich vor dem Haifisch fürchten, der sehr gefährlich ist. Deshalb würde Bobby gerne für eine Weile bei den Kindern leben. Dazu müssen sie ihm natürlich ein neues Zuhause schaffen. Die Projektleitung zeigt den Kindern das Aquarium. Damit sich Bobby wie im Meer fühlt, schlägt sie vor, Tülltücher in das Aquarium zu legen. Die Kinder suchen die blauen Tücher aus und legen die Tücher und den Fisch ins Aquarium.

Hinweis: Bobby kommt in den folgenden Tagen immer wieder zum Einsatz. Direkt im Anschluss bietet sich die Einführung des Liedes „Fünf kleine Fische" an.

Portfolio-vorschlag

Besuch aus dem Blauland

Heute war der Fisch Bobby zu Besuch. Er kommt aus dem tiefen blauen Meer. Bei ihm Zuhause unter Wasser ist alles blau. Ich habe ausprobiert, wie das aussieht und durch eine blaue Brille geschaut. Plötzlich war alles blau. Damit sich Bobby bei uns wohl fühlt, haben wir ihm ein blaues Aquarium mit blauen Tüchern gemacht.

Schnappfisch

Alter: ab 1 Jahr
Dauer: 20 Minuten
Anzahl: beliebig
Material: blaue Schminkfarbe
Vorbereitung: für jedes Kind etwa 3 Minuten

Die Projektleitung malt seitlich des Kindermundes einen blauen Fisch auf die Haut, dessen Maul sich um die Lippen des Kindes legt. Öffnet das Kind den Mund, reißt der Fisch sein Maul auf. Die Kinder singen zusammen das Lied *„Fünf kleine Fische"* (siehe Seite 33) und schließen ihren Gesang mit einer kleinen Fischunterhaltung ab. Dazu öffnen und schließen sie die Lippen möglichst laut „ploppend".

Hinweis: Ein gutes Training für die Mundmuskulatur.

Portfolio-vorschlag

Lustige Fischgespräche

Heute hat mir (Name der ProjektleiterIn einfügen) einen blauen Fisch ins Gesicht gemalt. Das hat ein bisschen gekitzelt und dann sehr lustig ausgesehen. Der Fisch war ganz dicht an meinem Mund. Wenn ich den Mund geöffnet habe, hat es ausgesehen, als ob der Fisch sein Fischmaul öffnen würde. Ich habe gesungen, geblubbert und geploppt und das hat so witzig geklungen. Es war gar nicht so einfach, denn ich musste ganz fest meine Lippen anspannen.

Mit Wasser blubbern

Alter: ab 2 Jahren
Dauer: 5 Minuten
Anzahl: 2 – 8 Kinder
Material: große Schüssel, Wasser, Lebensmittelfarbe, Strohhalme, 5 kleine und ein größerer Plastikfische (z.B. von Angelspiel – ersatzweise Moosgummifische)
Vorbereitung: 5 Minuten

Die Projektleitung deckt den Boden ab, wenn die Kinder nicht im Freien spielen können. Sie färbt in zwei verschieden großen Schüsseln Wasser mit Lebensmittelfarbe blau und gibt Fische in die größere Schüssel, die das Meer darstellt. Die Hälfte der Kinder bekommt einen Strohhalm und bläst mit aller Kraft ins Wasser, so dass die Fische in Bewegung geraten. Die Kinder blubbern laut und leise oder im Takt des Liedes. Die anderen Kinder singen das Lied *„Fünf kleine Fische"*. Immer wenn der Liedstrophe gemäß ein Fisch aus dem großen Meer geholt und in den kleinen Teich (die kleinere Schüssel) gegeben wird, tauschen die Kinder die Rollen.

Variante: Die Kinder erhalten von der Projektleitung verschiedene Behälter und Gefäße. In der Wanne schwimmen Flaschenkorken als Fische. Die jüngeren Kinder fischen mit einem kleinen Becher Fische aus dem Wasser. Die älteren Kinder füllen mit Hilfe der Becher und Trichter Wasser in eine kleine Flasche. Dazu ist schon wesentlich mehr Geschicklichkeit notwendig. Das gesammelte Wasser bringen die Kinder in eine abseits aufgestellte Schüssel.

Hinweis: Ein nasser Spaß, der zugleich die Auge-Handkoordination trainiert.

Fünf kleine Fische

überliefert

Alter: ab 1 Jahr
Dauer: 5 Minuten
Anzahl: beliebig

Die Projektleitung greift die Geschichte von Bobby auf und erzählt nochmal vom gefährlichen Meer, in dem es Haifische gibt. Dann führt sie das Fingerspiellied ein und alle singen:

Fünf keine Fische, die schwammen im Meer.	Fünf Finger zeigen. Hände als Fische aneinander legen und schwimmende Bewegung machen.
Da sagt der Eine: „Ich kann nicht mehr!"	Zeigefinger verneinend hin und her bewegen.
"Ich will zurück in meinen blauen Teich,	Mit den Zeigefingern einen Kreis zeichnen.
denn da draußen schwimmt der Haifisch	Mit beiden Händen und dem Armen Wellenbewegungen machen.
und der frisst mich gleich!	Mit Händen und Unterarmen den Haifisch und das Haifischmaul andeuten und laut in die Hände klatschen.
Vier kleine Fische ...	

und zum Schluss:

Ein großer Hai der schwamm allein im Meer blubb blubb blubb blubb. Der sagt jetzt mag ich auch nicht mehr blubb blubb blubb blubb. Ich will jetzt auch in diesen kleinen blauen Teich, denn da schwimmen fünf Fische und die fresse ich gleich blubb blubb blubb blubb.

Hinweis: Das Lied kann auch mit drei kleinen Fischen angefangen werden. Anstatt blubb blubb können alle schwipp schwapp schwabbediwapp singen. So üben Kinder die Bildung des „sch".

Ein Walfisch im Meer

Melodie nach Ein Schneider fing ne Maus, überliefert

Alter: ab 1 Jahr
Dauer: 3 Minuten
Anzahl: 1 Kind

Ein Walfisch schwimmt im Meer,
ein Walfisch schwimmt im Meer,
ein Walfisch schwimmt im tiefen Meer,
schwimmt schnell hin und her,
ein Walfisch schwimmt im Meer.

Das Kind sitzt auf dem Schoß, die Projektleitung fasst die Hände des Kindes und bewegt sie mit ausholenden Schwimmbewegungen und lässt das Kind zu *„hin und her"* auf dem Schoß hin und her schaukeln.

Hinweis: Es können beliebig viele weitere Strophen erfunden werden, z.B. ein Haifisch, Schwertfisch, Goldfisch, Thunfisch...

Fischspringen

Alter: ab 2 Jahren
Dauer: 15 Minuten
Anzahl: 2 bis 3 Kinder
Material: blaue Reifen, blaue Matte oder Decke, Langbank, Reifen, blaue Stoffbänder
Vorbereitung: 10 Minuten

Die Projektleitung knotet blaue Bänder an die Reifen. Auf dem Boden markiert sie mit etwas Abstand zwei verschieden große blaue Kreise – das große Meer und den kleinen blauen Teich. Dazwischen legt sie als Verbindung zwischen Meer und Teich ein blaues Seil auf den Boden. Sie legt eine blaue Bodenmatte aus, stellt die Reifen mit den Bändern zum Durchkriechen bereit, nutzt eine Langbank als Teil der Verbindung... Die Reihe lässt sich beliebig fortsetzen, je nachdem wie viel Platz und Material der Projektleitung zur Verfügung stehen. Die Kinder werden zu Fischen, die Projektleitung zum gefährlichen Hai. Auf der Flucht vor dem Hai bewegen sich die Kinder von einem Kreis zum anderen. Dabei springen sie durch die Reifen, balancieren über das Seil, das einen Fluss darstellt, „schwimmen" über die Matte, „tauchen" durch die Reifen mit den Stoffbändern. Wird ein Fisch gefangen, darf er selbst Hai werden und dem großen Haifisch helfen.

Haifisch – Meerungeheuer

Alter: ab 1 Jahr
Dauer: 5 Minuten
Anzahl: beliebig

Die Kinder spielen Fische, die im Meer schwimmen. Die Projektleitung ist der Haifisch, der die Fische fängt. Zunächst schwimmen die Fische im Meer. Das heißt, die Kinder bewegen sich zu folgenden Kommandos, welche der Haifisch oder alle gemeinsam sprechen:

Das Meer ist ruhig.	Alle schleichen auf Zehenspitzen!
Das Meer schlägt leichte Wellen.	Hüpfen.
Das Meer schlägt hohe Wellen.	Höher hüpfen.
Das Meer ist stürmisch.	Im Zickzack laufen.
Die Flut kommt.	Schwimmbewegungen mit den Armen.
Die Ebbe kommt.	Schnell weglaufen, denn bei Ebbe steigt der Haifisch aus der Tiefe auf und will die kleinen Fische schnappen.

Hinweis: Am Anfang ist es hilfreich, wenn sich alle zusammen im Kreis bewegen, bis alle die Signale gut kennen und verstehen. Bei den jüngeren Kindern genügen zunächst drei Kommandos, welche sich die Kinder merken sollen. Je älter die Kinder sind, desto mehr Kommandos kommen hinzu.

Unterwasser-Wandteppich

Alter: ab 1 Jahr
Dauer: 10 Minuten
Anzahl: 2 bis 3 Kinder
Material: weißes, festes Papier, dicke Pinsel, Schwammpinsel, Schwammrollen, Wachsmalstifte, blaue Wasserfarben
Vorbereitung: 5 Minuten

Die Projektleitung malt einige Fische mit weißen Wachsmalstiften auf jedes Blatt. Sie kann auch ein paar bunte Fische dazu malen. Die Kinder malen großflächig mit Pinseln, Schwammpinseln, Schwammrollen und Händen das Papier an und sind verblüfft, wenn die Farbe auf den Fischen, die mit Wachsmalstiften gemalt wurden, abperlt.

Hinweis: Die Projektleitung hängt die Bilder nebeneinander als blauer Unterwasser-Wandteppich auf und ergänzt den gelben, grünen und roten Wandteppich.

Portfolio-vorschlag

Ein Unterwasser-Wandteppich

Heute habe ich mit Wasserfarben ein schönes Unterwasserbild gemalt. Ich habe die blaue Farbe mit einem Schwamm aufgetupft. Es sieht wirklich wie Wasser aus. Plötzlich ist an manchen Stellen die Farbe abgeperlt und ein paar Fische sind aufgetaucht. Das war spannend und hat Spaß gemacht! Wir haben alle unsere Wasserbilder zusammen aufgehängt und ich finde die Unterwasserlandschaft sieht sehr geheimnisvoll aus.

Fische fangen

Alter: ab 1 Jahr
Dauer: 5 Minuten
Anzahl: 2 bis 3 Kinder
Material: Moosgummifische oder kleine Plastikfische, Schnur, Lego-Duplo-Steine
Vorbereitung: 5 Minuten

Die Projektleitung bindet die Fische mit den Schnüren an den Lego-Duplo-Steinen fest. Die Kinder fangen die Fische, indem sie die Schnur aufwickeln.

Hinweis: Ältere Kinder spielen gerne Wettwickeln. Jüngere Kinder wickeln einfach um des Wickelns Willen: Eine gute Übung zur Handgeschicklichkeit.

Fischen

Alter: ab 1 Jahr
Dauer: 20 Minuten
Anzahl: ab 2 Kinder
Material: mit Lebensmittelfarbe blau gefärbter Joghurt, Unterlage
Vorbereitung: 5 Minuten

Die Projektleitung breitet die Unterlage aus und bestreicht die Handflächen der Kinder mit blauem Joghurt. Alle Kinder legen ihre Hände als Fische flach auf den Tisch und bewegen sie auf der Tischplatte. Die Projektleitung wird zum Fischer (oder Haifisch), der seine Hände über den Fischen kreisen lässt. Der Fischer spricht dazu folgenden Vers:

> *Ich habe den ganzen Tag gefischt und habe noch keinen Fisch – erwischt!*

Zwischen *Fisch* und *erwischt* lässt der Fischer eine unterschiedlich lange Pause, um unvermittelt nach den Fischen schnappen zu können. Die Kinder versuchen, ihre Hände rechtzeitig zurückzuziehen. Hat der Fischer einen Fisch gefangen, wird dieser der nächste Fischer.

Hinweis: Mit gefärbtem Joghurt ist dieses Spiel ein besonderes Erlebnis – glitschig, rutschig, blau und lustig.

Heidelbeerfarben

Alter: ab 2 Jahren
Dauer: 10 Minuten
Anzahl: beliebig
Material: Heidelbeeren, festes Papier

Die Kinder zerdrücken ein paar Heidelbeeren und verstreichen den Saft auf Papier.

Fische im Aquarium

Alter: ab 2 Jahren
Dauer: 20 – 30 Minuten
Anzahl: 2 Kinder
Material: Schuhkartons, Fingerfarben, Schwammpinsel, blaues Papier, Korken oder Wattestäbchen, Buntstifte, Wachsmalstifte, Klebe, blauer Faden, Nadel
Vorbereitung: 10 Minuten

Bobby wünscht sich Freunde. Jedes Kind gestaltet ihm ein Aquarium mit mehreren Fischen. Die Projektleitung schneidet mit Hilfe der älteren Kinder Fische in verschiedenen Formen und Größen aus dem blauen Tonpapier aus. Die Kinder bemalen die Schuhkartons innen mit der blauen Fingerfarbe. Während die Schuhkarton-Aquarien trocknen, gestalten die Kinder die Tonpapierfische in unterschiedlichen Techniken, die sie frei auswählen können. Sie können die Fisch mit verschiedenen Stiften und Farben bemalen oder mit Fingern, Korken oder Wattestäbchen bedrucken. Die Projektleitung klebt die Fische aus Tonpapier in das Aquarium hinein oder hängt einzelne Fische mit einem Faden von der Aquariumsdecke. So wirkt das Aquarium dreidimensional.

Hinweis: Jüngere Kinder können einzelne Fische in verschiedenen Techniken gestalten, die dann in einem großen „Gemeinschaftsaquarium" Platz finden, das die Kinder ebenfalls gemeinsam anmalen.

Portfolio-vorschlag

So viele Fische

Heute habe ich ein Aquarium gebastelt. Ich habe einen Karton ganz blau angemalt. Ich musste mich sehr anstrengen, damit auch wirklich alle Kanten und Ecken ganz blau wurden. Dabei habe ich ganz blaue Hände bekommen. Aber das macht nichts. Ich habe die Hände einfach wieder gewaschen. In meinem Aquarium leben viele verschiedene Fische. Einige habe ich bemalt, andere bedruckt. Ein paar habe ich aufgeklebt und einige haben wir aufgehängt, damit sie besser schwimmen können. Ich habe sehr lange gearbeitet und ich finde, das hat sich gelohnt.

Eine blaue Unterwasserbrille

Alter: ab 1 Jahr
Dauer: 5 Minuten
Anzahl: 2 bis 3 Kinder
Material: mehrere Taucher- und Schwimmbrillen, Folie in unterschiedlichen Blautönen
Vorbereitung: 10 Minuten

Die Projektleitung beklebt die Brillengläser mit der Folie. Meist genügt es, die Folie sehr exakt zuzuschneiden und einfach einzulegen. Die Projektleitung erinnert kurz an Bobby und seine Unter-Wasser-Erzählungen. Sie bietet den Kindern die verschiedenen Brillen in unterschiedlichen Blautönen an und lässt sie damit frei hantieren.

Hinweis: Farbexperimente machen den Kindern großen Spaß und üben eine besondere Faszination aus. Kaum haben die Kinder die Unterwasserbrillen aufgesetzt oder vor die Augen gehalten, sieht alles anders aus. Sie setzen die Brillen immer wieder auf und beobachten ihre Umwelt und einzelne Gegenstände einmal mit und dann wieder ohne Brille. Auch im Freien eine spannende Erfahrung! Die Unterwasserbrillen finden auch während des Freispiels viel Aufmerksamkeit.

Mini-Projekt 5:
Die Welt ist bunt
Im Farbenland

Viele Kinder kennen nach den vorausgegangenen Wochen nicht nur die Farben Rot, Grün, Gelb und Blau, sie sind auch sehr sensibilisiert für andere Farben. Sie entwickeln oft ganz von selbst eine Leidenschaft, Dinge zunächst nach Farben und schon bald auch nach anderen Eigenschaften zu sortieren. Die Projektleitung nutzt die Freude am Sortieren, Einordnen und Zuordnen, um das Farbverständnis der Kinder weiter zu festigen.

Durcheinander im Farbenland

Alter: ab 2 Jahren
Dauer: 15 Minuten
Anzahl: 2 bis 3 Kinder
Material: ein großer Korb gefüllt mit verschiedenen Gegenständen in den Grundfarben, ein gelbes, rotes, blaues und grünes Tuch sowie jeweils ein Tier oder eine Spielfigur in den entsprechenden Farben, (z. B. die Handpuppen aus den vorangegangenen Farbwochen), ein Fahrzeug, auf dem die Spielfiguren und der Korb mit den farbigen Gegenständen Platz finden
Vorbereitung: 5 Minuten

Die Kinder sitzen im Halbkreis. Die Projektleitung breitet die Tücher nebeneinander aus. Sie fährt das Fahrzeug in den Spielkreis, stellt den Kindern die Spielfiguren vor und erzählt eine kurze Geschichte: *„Die kleine Ente, der Papagei, der Frosch und der Wal haben eine lange Reise hinter sich, über Berge und Täler, durch Wälder und Flüsse... Und weil der Wagen so gewackelt hat, ist ihr Gepäck durcheinander geraten."* Jede Spielfigur möchte seine eigenen Sachen wiederhaben. Die Kinder helfen den Spielfiguren, die farbigen Gegenstände auf den Tüchern zu sortieren. Die Projektleitung verknotet die gefüllten Tücher zu einem Säckchen und lädt sie mit den Spielfiguren auf den Wagen, der wieder wegfährt.

Portfolio-vorschlag

Durcheinander im Farbenland
Heute haben wir Besuch von einigen Tieren aus dem Farbenland bekommen. Sie hatten all ihre Sachen auf einen Wagen geladen. Weil es auf dem Weg so holperig war, ist alles durcheinander geraten. Die Tiere waren ganz traurig. Wir haben ihnen geholfen, alles wieder zu sortieren.

Bunte Schlange

Alter: ab 2 Jahren
Dauer: 5 Minuten
Anzahl: 2 bis 5 Kinder
Material: Fingerpuppe Schlange oder bunte Stockschlange (Siehe Seite 41), Materialschalen oder Körbchen in den Grundfarben
Vorbereitung: 2 Minuten

Die Projektleitung hält eine Schlange in der Hand und spricht folgenden Vers, den die Kinder bald mitsprechen:

Die bunte Schlange kriecht herum,
sieht sich nach etwas Rotem/Gelbem/
Grünem/Blauem um.
Ob sie wohl etwas finden kann?

Die Kinder suchen einen Gegenstand in der entsprechenden Farbe und bringen ihn der Schlange. Sie legen die Gegenstände in die passenden Körbchen.

Variante: Alle Kinder halten ihre Stockschlange selbst in der Hand. Alle einigen sich auf eine Farbe und sprechen gemeinsam den Reim. Jedes Kind sucht einen farblich passenden Gegenstand für seine Schlange.

Seifenblasen fangen

Alter: ab 1 Jahr
Dauer: 5 Minuten
Anzahl: 2 bis 3 Kinder
Material: Seifenblasen

Die Projektleitung produziert Seifenblasen. Die bunten, schillernden Kugeln üben eine besondere Faszination auf Kinder aus und regen zum Hinsehen und zu Fangversuchen an. Es ist eine interessante Erfahrung, wenn die Seifenblasen schon bei der geringsten Berührung platzen.

Krimskrams sortieren

Alter: ab 1 Jahr
Dauer: 10 – 20 Minuten
Anzahl: 2 bis 3 Kinder
Material: verschiedenfarbige Knöpfe, logische Blökke, große Spielknöpfe in Grundfarben, Muggelsteine oder anderes buntes Legematerial, verschiedene Behälter, Becher und Dosen in unterschiedlichen Farben, Bänder und Schnüre zum Auffädeln, Löffel, Kochlöffel, Schöpflöffel, Pinzetten und Zangen
Vorbereitung: 5 Minuten (Herstellung der Dosen 10 Minuten)

Die Projektleitung beklebt die Cappuccino-Dosen jeweils mit einer Grundfarbe und schneidet die Deckel kreuzförmig ein. Sie schneidet auch verschieden große kreisförmige Löcher in den Deckel einer Schachtel, so dass nicht alle Knöpfe durch alle Öffnungen passen. Die Projektleitung stellt eine große Kiste mit einem Teil der Materialien bereit und deckt sie mit einem Tuch zu. Weitere Materialien liegen in Reichweite. Die Kinder greifen unter das Tuch und fühlen. Wer kann ertasten, was sich in der Kiste befindet? Die Projektleitung lüftet das Geheimnis und entfernt das Tuch. Die Kinder wühlen und fühlen in der großen Materialkiste. Die Projektleitung gibt wenig Material dazu und beobachtet genau – erst wenn das Interesse der Kinder nachlässt, gibt sie mit neuem Material neue Impulse. Sie stellt z.B. Schüsseln und Löffel dazu. Die Kinder füllen Material mit den Händen oder mit Löffeln hinein und schütten es hin und her. Sie legen es in Schalen und Becher und hören es fallen und klappern.

Variante 1: Die Projektleitung legt in eine Dose ein Tuch. Das Befüllen macht nun keine Geräusche mehr. Die Kinder öffnen die Dose und erkennen den Grund.

Variante 2 für 2-bis 3-jährige Kinder:
Die Projektleitung legt auf einem einfarbigen Tuch Muster oder Bilder wie eine Farbmusterreihe und begleitet ihr Tun dabei sprachlich: *„Ich lege rot, gelb, rot, gelb, rot – was kommt jetzt?"* Die Kinder wählen einen passenden Knopf und setzen die Reihe fort.

Hinweis: Knöpfe und Legematerial bieten unzählige Möglichkeiten, die Feinmotorik und Auge-Hand-Koordination zu trainieren. Fragen Sie Eltern nach Knöpfen. So kommt schnell eine große Auswahl zusammen. Und bitte beachten Sie: Besonders die Jüngsten dürfen mit Knöpfen nicht unbeaufsichtigt gelassen werden!

Portfolio-vorschlag

Krimskrams greifen und sortieren

Heute habe ich mit Krimskrams gespielt. Ich konnte es greifen und in verschiedene Gefäße füllen und hin und her schütten. Dabei musste ich sehr geschickt sein, damit kein Teil herunter fällt. Manchmal war ein Gefäß zu klein und es passten gar nicht alle Teile hinein. Hier siehst du, wie sehr ich mich anstrenge, um einen Knopf in die Dose zu stecken.

Portfolio-vorschlag

Knöpfe nach Farben sortieren und Muster legen!

Heute habe ich mit Knöpfen gespielt. Ich konnte Knöpfe nach Farben sortieren und mit ihnen verschiedene Muster und Bilder legen. Dazu musste ich sehr geschickt sein, damit meine Muster und Bilder nicht verrutschen.

Wäscheklammern sortieren

Alter: ab 2 Jahren
Dauer: 5 Minuten
Anzahl: 1 Kind
Material: Becher in den Grundfarben, Wäscheklammern in Grundfarben, Tablett
Vorbereitung: 2 Minuten

Die Projektleitung legt die Wäscheklammern auf einem Tablett durcheinander neben die Becher. Je nach Alter und Geschicklichkeit sortieren die Kinder die Wäscheklammern in die passenden Becher oder klemmen sie an den Rand der Becher.

Hinweis: Eine Sortierübung, die Kindern erstaunlich viel Spaß macht und nebenbei auch Konzentration, Ausdauer und Auge-Hand-Koordination trainiert.

Portfolio-vorschlag

Ich kann Wäscheklammern sortieren!

Heute habe ich viele bunte Wäscheklammern sortiert. Zuerst haben wir alle Wäscheklammern durcheinander gemischt und dann habe ich sie in die Becher gesteckt oder festgeklemmt. Dazu musste ich nicht nur die Farben sortieren und zuordnen, ich musste auch sehr geschickt sein. Es ist gar nicht so einfach, eine Wäscheklammer festzuklemmen.

Bunte Stockschlangen

Alter: ab 2 Jahren
Dauer: 10 bis 20 Minuten
Anzahl: 1 bis 2 Kinder
Material: Kleine Zweige mit einer Gabelung, Fingerfarben
Vorbereitung: 5 Minuten

Die Kinder sammeln auf einem Spaziergang kleine Äste mit einer Gabelung. Sie bemalen die Äste mit Fingerfarben. Sie tragen sie in Streifen, Tupfen oder ganz willkürlich auf. Die Projektleitung hilft den Kindern, an der passenden Stelle zwei Augen aufzumalen.

Portfolio-vorschlag

Eine bunte Stockschlange malen

Heute haben wir einen Spaziergang gemacht und dabei viele kleine Äste und Stöcke gesammelt. Als wir in der Kita waren, haben wir die Äste bunt angemalt. Ich konnte den Ast nicht mehr so gut halten, weil die Farbe so rutschig war. (Name der Projektleitung einsetzen) hat mir geholfen zwei Augen aufzumalen – und plötzlich sah mein Ast wie eine gefährliche Schlange aus.

Bunter Strohhalmschmuck

Alter: ab 1 Jahr
Dauer: 10-15 Minuten
Anzahl: 2 bis 3 Kinder
Material: bunte Strohhalme mit einem großen Durchmesser, feste Schnur, Hutgummi oder Schuhband, Scheren, Materialschalen
Vorbereitung: 5 Minuten

Für jüngere Kinder bereitet die Projektleitung Strohhalmabschnitte vor. Die älteren Kinder schneiden bunte Strohhalme in etwa ein bis zwei Zentimeter lange Stücke. Mit Hilfe der Projektleitung verknoten sie einen Strohhalmabschnitt mit dem Ende der Schnur, so dass die weiteren Abschnitte, die das Kind auffädelt, nicht herunter rutschen können. Sind genug „Strohhalmperlen" auf der Schnur, verknotet die Projektleitung die Strohhalmkette.

Hinweis: Die Strohhalmkette kann als Armband oder Kette, aber auch als Raumschmuck verwendet werden. Viele Strohhalmketten nebeneinander ergeben einen bunten Raumteiler.

Portfolio-vorschlag

Eine bunte Strohhalmkette basteln

Ich bin mit meinen Händen sehr geschickt! Heute habe ich aus bunten Strohhalmen viele kleine Strohhalmperlen geschnitten. Das war gar nicht so einfach und oft sind die Strohhalme einfach davongehüpft. Ich habe damit eine tolle Kette gefädelt. Ich musste die kleinen Löcher treffen und meine Hände mussten gut zusammenarbeiten, damit die Perlen nicht ständig herunterfallen.

Pustebilder – Feuerwerke

Alter: ab 3 Jahren
Anzahl: 2 Kinder
Material: Papier, Wasserfarben, Pinsel, Strohhalme

Das Kind setzt mit dem Pinsel mehrere bunte Farbkleckse auf das Papier. Es richtet den Trinkhalm auf den Klecks und bläst hinein: Der Farbklecks „explodiert“. Dabei entstehen faszinierende Effekte.

Ein Fest für die Sinne

Alter: ab 1 Jahr
Dauer: ca. 30 Minuten
Anzahl: alle Kinder
(Vorbereitung in Kleingruppen)
Material: Teller in den Grundfarben, Lebensmittel in den entsprechenden Farben
Vorbereitung: 5 Minuten

Während der Farbwochen wird das „gesunde Frühstück" zu einem Farbenfrühstück umfunktioniert. Es gibt der aktuellen Farbe entsprechendes Essen, also beispielsweise in der gelben Woche eine Banane oder Birne, aber auch Käse, ein gelbes Osterei oder eine Zitrone. In der roten Woche Tomaten, Paprika, einen roten Apfel, rote Gummibärchen. In der Farbenlandwoche oder in der Faschingswoche gibt es schließlich „buntes" Essen, wie z.B. Konfettikuchen mit bunten Streuseln. Der Fantasie sind keine Grenzen gesetzt!

Hinweis: Die Projektleitung bittet die Eltern, die Kinder farblich passend zu kleiden. Vor dem Essen dekorieren die Kinder den Tisch farblich passend – das wirkt am Tisch sehr eindrucksvoll. Das Farbenfrühstück ist ein Fest für die Sinne! Wie nebenbei ergeben sich Gespräche über verschiedene Geschmacksrichtungen, aber auch über gesund und ungesund oder über persönliche Vorlieben.

Farbige Filter – Farbenexperimente

Alter: ab 2 Jahren
Dauer: 20 Minuten
Anzahl: 2 bis 3 Kinder
Material: Pipette mit Gummisauger, mit Krepppapier oder Lebensmittelfarbe gefärbtes Wasser, rundes weißes Filterpapier
Vorbereitung: 5 Minuten

Die Projektleitung feuchtet die Filter an und verteilt sie an die Kinder. Mit der Pipette nehmen die Kinder Farbe auf und tropfen sie auf den Filter. Sie können gut beobachten, wie die verschiedenen Farben auseinander laufen, sich netzartig verteilen und Mischfarben entstehen.

Hinweis: Kennen die Kinder die Grundfarben, sind sie fasziniert, wenn sie die Farben verändern können. Mit einer Nass-in-Nass-Technik gelingt das Experiment besonders gut.

Portfoliovorschlag siehe *„Mit Farben zaubern"*, Seite 30

Mini-Projekt 6:
Regen und Sonnenschein
Unser Wetter

Nicht nur für Erwachsene ist das Wetter häufig ein Thema, selbst die Jüngsten in einer Kita interessieren sich dafür: Werden wir heute raus gehen können oder regnet es zu stark? Wann hört der Regen wieder auf? Wenn es geregnet hat, kann ich in Pfützen springen. Wenn die Sonne scheint, wird es warm... Diese Erfahrungen und Fragen direkt aus der Erlebniswelt eines Kindes sind gut geeignet, um sich ein wenig intensiver damit zu befassen!
Die Beschäftigung mit dem Wetter ermöglicht Lernen mit allen Sinnen und das direkt vor der Haustür. Gerade das zeitige Frühjahr, wenn wieder längere Aufenthalte im Freien möglich werden und die ersten Sonnentage noch besonders intensiv erlebt werden, bieten sich für ein „Regen und Sonnenschein"-Projekt an. Blubb, ein kleiner Regentropfen, kann die Kinder bei ihren Wetterbeobachtungen und Wetterspielen begleiten.

Blubb, der kleine Regentropfen

Alter: ab 1 Jahr
Dauer: 5 – 10 Minuten
Anzahl: 3 bis 5 Kinder
Material: blauer Waschhandschuh, Softball, blaue Schnur
Vorbereitung: 3 Minuten

Die Projektleitung steckt den Softball in den Waschlappen und bindet ihn zu: Fertig ist Blubb, der Regentropfen, der auch mal nass gemacht werden kann und dann überraschend echt wird. Blubb erzählt ein wenig von seinem Regentropfen-Leben (eine stark vereinfachte Darstellung des Wasserkreislaufes). Davon, dass er zusammen mit vielen Freunden in einer Wolke wohnt. Wenn die Sonne scheint, kommen immer neue Freunde dazu, die auf den Sonnenstrahlen in die Wolke steigen. Manchmal wird es schrecklich eng in der Wolke und dann purzeln Blubb und seine Freunde wieder auf die Erde. Sobald die Sonne scheint, machen sie sich wieder auf den Weg in die Wolke. Nebenbei stellt Blubb den Kindern einige Fragen: Welches Wetter kennst du? Welches Wetter magst du am liebsten? Was machst du am liebsten, wenn es regnet / die Sonne scheint? Was ziehst du an, wenn es regnet / die Sonne scheint? ...

Es regnet, es regnet, die Erde wird nass

überliefert

Alter: ab 1 Jahr
Dauer: 5 Minuten
Anzahl: beliebig

An einem Regentag treffen sich alle am Fenster, schauen raus und überlegen, was draußen alles nass wird (Wiese, Bäume, Blumen, Straße, Rutsche, Sandkasten...). Wo gehen die Tiere hin, wenn es regnet? Was machen die Menschen, wenn es regnet? Die Projektleitung stellt den Kindern Impulsfragen und singt das Lied vor.

Es regnet, es regnet, die Erde wird nass!	Mit den Fingern beider Hände die fallenden Regentropfen nachahmen.
Wir sitzen im Trocknen, was schadet uns das!	Beide Hände wie ein Dach über dem Kopf halten.

Die Kinder erfinden beliebig viele Strophen. Das kann so klingen: *„Es regnet, es regnet, das Auto (das Gras, die Rutsche, der Käfer...) wird nass"*
Das Lied endet mit der Strophe:

Es regnet, es regnet, es regnet seinen Lauf, und wenn's genug geregnet hat, dann hört es wieder auf.	Die Regenfinger verschwinden hinter dem Rücken.

Hinweis: Während sie singt, lässt die Projektleitung mit Blubb ein paar Tropfen auf die Hände der Kinder fallen.

Mäusewetter

überliefert

Alter: ab 1 Jahr
Dauer: 3 Minuten
Anzahl: beliebig

Die Maus, die schaut zum Loch heraus,	Eine Hand bildet die Maus, dazu alle Finger aneinander legen und durch die andere Hand heraus schieben.
Wie sieht denn heut das Wetter aus? Herrje, ist das ein Übel, es schüttet wie aus einem Kübel!	Maus hin und her, auf und ab bewegen.
Der Regen der macht Plitsch-Platsch,	Zweimal in die Hände klatschen.
die Erde ist ja nur noch Matsch!	Auf die Oberschenkel klatschen.

Im Regen

überliefert

Alter: ab 1 Jahr
Dauer: 3 Minuten
Anzahl: beliebig

Der sagt: „Vom Regen wirst du nass."
Der sagt: „Der Regen ist kein Spaß."
Der sagt: „Da geh ich gar nicht aus."
Der sagt: „Da bleibe ich zu Haus."
Der sagt: „Ich kann auf die Sonne nicht warten, ich geh mit dem Regenschirm in den Kindergarten!"

Zu jeder Zeile einen Finger antippen und zur letzten Zeile die andere Hand als Schirm über den kleinen Finger halten.

Groß ist die Sonne

überliefert

Alter: ab 1 Jahr
Dauer: 3 Minuten
Anzahl: beliebig

Groß ist die Sonne, hell und warm ihr Schein. Niemand könnte ohne Sonne sein.	Mit den Armen einen großen Kreis in die Luft malen.
Eine dicke Wolke hat sie zugedeckt.	Die Hände vor das Gesicht halten.
Doch schon ruft sie: „Da bin ich. Ich hab mich nur versteckt".	Schnell die Hände vom Gesicht nehmen.

Hinweis: Besonders die ganz Kleinen lieben dieses Versteckspiel!

Regenkonzert

Alter: ab 1 Jahr
Dauer: 20 Minuten
Anzahl: beliebig
Material: Blechdosen, Schachteln, Töpfe, Handtrommeln, Orffinstrumente...

An einem Regentag lauschen die Kinder auf den Klang des Regens. Klingt er immer gleich? Wie klingt Regen an der Fensterscheibe, auf der Rutsche, auf den Blättern eines Baumes? Wie klingt Starkregen? Die Kinder machen ein Regenkonzert. Sie imitieren mit verschiedenen Körperteilen Regengeräusche: Sie reiben die Hände aneinander, trommeln leicht mit den Fingerkuppen auf den Tisch, trommeln etwas heftiger, trommeln auf unterschiedlichen Untergründen...

Portfolio-vorschlag

Regen klingt nicht immer gleich

Heute waren wir im Garten, als es gerade geregnet hat. Wir haben ganz genau gelauscht, wie der Regen klingt. Wenn der Regen auf die Rutsche fällt, klingt das ganz anders, als wenn er auf die Blätter im Gebüsch trommelt. Besonders laut ist der Regen, wenn er auf die Sandkastenabdekkung tropft. Als wir wieder drin und trocken waren, haben wir mit verschiedenen Instrumenten Regengeräusche erzeugt. Ich finde, der Regen klingt am besten, wenn ich mit den Fingern auf die Blechdose trommle.

Gewitter

überliefert

Alter: ab 1 Jahr
Dauer: 5 Minuten
Anzahl: beliebig
Material: je nach Spielvariante Blechdosen, Handtrommeln, Trommeln, Glockenspiel

Der Vers kann zu vielen verschiedenen Spielvarianten eingesetzt werden:
Als Fingerspiel an einem Tisch wird so gespielt:

Es tröpfelt,	Zwei Finger klopfen langsam abwechselnd auf den Tisch.
es regnet,	Alle zehn Finger klopfen auf die Tischplatte.
es gießt,	Die Finger klopfen immer lauter werdend auf den Tisch.
es hagelt,	Die Fingerknöchel „hageln" auf der Tischplatte.
es blitzt,	Der Zeigefinger zuckt im Zickzack als Blitz durch die Luft.
es donnert!	Beide Fäuste „donnern" auf der Tischplatte.
Alle Kinder laufen schnell nach Haus!	Die Finger beider Hände rennen zappelnd über die Tischplatte davon.
Und dann scheint die Sonne wieder.	Die Hände kommen wieder hervor und bilden mit abgespreizten Fingern überkreuzt die Sonne.

Variante1: Rhythmusspiel: Jedes Kind erhält ein Instrument (Blechdosen, Handtrommeln...) und führt die gleichen Bewegungen darauf aus. Ein kurzes Spiel auf einem Glockenspiel stellt die Sonne dar.

Variante 2: Körpermassagespiel: Die Projektleitung führt die Bewegungen auf dem Rücken eines Kindes aus. Als wärmende Sonne reibt sie sanft mit den Handflächen.

Hinweis: Die Kinder genießen das Körpermassagespiel sehr. Ältere Kinder können auch Paare bilden und die Körpermassage miteinander ausführen.

Liebe Sonne

überliefert

Alter: ab 1 Jahr
Dauer: 5 Minuten
Anzahl: beliebig

Liebe, liebe Sonne,
kommt ein bisschen runter,
lass den Regen oben,
dann wollen wir dich loben.
Einer schließt den Himmel auf,
kommt die liebe Sonne raus.

Alle sprechen oder singen den Text rhythmisch und wer mag, begleitet ihn auf dem Glockenspiel.

Regentropfen

Alter: ab 1 Jahr
Dauer: 10 Minuten
Anzahl: ab 3 Kindern oder ganze Gruppe
Material: ein großes blaues Tuch oder eine Decke (z.B. altes Betttuch), blaue Luftballons, kleine blaue Softbälle oder andere nicht zu schwere Bälle, Wäschekorb
Vorbereitung: 2 Minuten

Alle Kinder treffen sich im Kreis. Die Projektleitung wiederholt kurz die Geschichte des kleinen Regentropfens Blubb. Sie breitet das Tuch als Regenwolke auf dem Boden aus. Alle Kinder legen die bereit liegenden Bälle und Luftballons auf die Wolke. (Decke bei Bedarf über dem Korb ausbreiten, damit die Bälle nicht immer wieder davon rollen.) Alle greifen die Tuchwolke an den Ecken oder am Rand. *„Ist die Wolke schon voll und schwer? Dann wird es bald regnen."* Alle sprechen den Reim:

„Viele blaue Regentropfen,
die hier aus der Wolke tropfen,
fallen auf die Erde nieder
und dann scheint die Sonne wieder.
Huhuuuuuu!"

Unter viel Getöse und Gelächter bringen die Kinder zu den Worten „Huhuuu" das Tuch so in Schwingungen, dass nach und nach alle Regentropfen auf die Erde fallen.

Variante: Die Kinder stellen sich unter die Wolke.

Hinweis: Fast genauso gern, wie die Kinder die Regentropfen aus dem Wolkentuch befördern, rennen sie los, um sie wieder einzusammeln.

Portfolio-vorschlag

Viele kleine Regentropfen!

Heute haben wir ganz viele blaue Regentropfen in einer blauen Wolkendecke gesammelt. Wir haben die Wolkendecke gemeinsam festgehalten und zuerst langsam und dann immer schneller in Schwingungen gebracht. So sind alle Regentropfenbälle aus der Wolke gefallen und es hat geregnet. Es war lustig und hat sich interessant angefühlt als alle Tropfen durch den Raum gekullert oder auf mir gelandet sind.

Regenwolken vertreiben

Alter: 3 Jahre
Dauer: 20 Minuten
Anzahl: 4 bis 6 Kinder
Material: Tücher in den Farben blau und gelb, große blaue Decke oder Betttuch, blaue Softbälle, Soft-Frisbee-Scheiben, Hüpfmatte
Vorbereitung: 5 Minuten. Es sind zwei Projektleitungen erforderlich.

Alle Kinder treffen sich im Kreis und nehmen aus einem Korb in der Mitte blaue und gelbe Tücher. Eine Projektleitung nimmt ein blaues, die andere ein gelbes Tuch. So können sich die Kinder leichter orientieren. Die Kinder bekommen blaue oder gelbe Tücher. Alle Kinder mit einem blauen Tuch sind Wolken, alle Kinder mit gelben Tüchern sind die Sonne. Die Projektleitung erzählt den Kindern, dass sich die Wolken aufmachen, um die Sonne zu verdecken. Alle Kinder mit den blauen Tüchern fangen die Kinder mit den gelben Tüchern. Nach einiger Zeit gibt es einen Wechsel und die Kinder mit den gelben Tüchern fangen die Kinder mit den blauen Tüchern – die Sonne vertreibt die Wolken.

Die Kinder legen die Tücher zurück und kommen zur Hüpfmatte. Hier liegt die blaue Decke bereit, in der sich eingewickelt viele Regentropfen (Softbälle) befinden. Alle heben gemeinsam die Wolke an und fühlen, ob sie schon groß und schwer von den vielen Regentropfen ist. Alle sprechen gemeinsam den Reim und lassen es aus der Wolke regnen, indem sie die Decke schwingen. Schnell sammeln die Kinder die Regentropfen-Bälle wieder ein und es regnet erneut. Die Kinder legen oder hocken sich unter die Regenwolke und der nächste Regenguss geht über den Kindern nieder. Die Regenwolke wandert am Himmel und alle Kinder versuchen unter der Wolke zu bleiben, weil sie unbedingt einen Regenguss abbekommen möchten. Die Projektleitungen tragen die Decke durch den Raum und die Kinder gehen oder krabbeln unter der Wolke umher.

Es hat lange nicht geregnet. Deshalb boxen die Kinder von unten in die Wolke, und zwar so lange, bis alle Regentropfen aus der Wolke gepurzelt sind.
Alle Kinder legen sich nacheinander zum Wolkenschaukeln (siehe folgendes Spiel) auf die Decke und die Projektleitungen schaukeln und wiegen die Kinder hin und her. Die Kinder sammeln ein letztes Mal alle Regentropfen ein. Sie verwenden dazu Soft-Frisbeescheiben, auf die sie so viele Regentropfen wie möglich aufladen und zur Wolkendecke zurücktragen. Die Projektleitung wickelt die Regentropfen in die Wolkendecke ein, wo sie auf die nächste Sporteinheit warten.

Hinweis: Das Balancieren der Softbälle auf den Frisbeescheiben erfordert Konzentration und führt dazu, dass die Kinder am Schluss wieder ruhig werden und sich nach dem ausgelassenen Toben wieder sammeln, bevor sie in den Gruppenraum zurückgehen.

Portfolio-vorschlag

Wir vertreiben Regenwolken!

Heute haben wir gespielt, wie die Sonne Regenwolken vertreibt. Manchmal wollten auch die Regenwolken die Sonne fangen. Wir hatten dazu gelbe und blaue Tücher, damit wir wussten, wer Regen und wer Sonne war. Wir mussten ganz schnell rennen und hatten viel Spaß mit vielen kleinen Regentropfen.

Wolkenschaukel

Alter: ab 1 Jahr
Dauer: 5 Minuten
Anzahl: 1 Kind
Material: feste blaue Decke, weiche Bodenmatte

Die Projektleitungen hüllen ein Kind in die Wolkendecke ein und schaukeln und wiegen es. Sie sprechen dazu folgenden Vers:

Wolkenschaukel, Wolkenschaukel…	Das Kind sanft schaukeln.
Regenwolke!	Das Kind seitlich aus der Decke auf die Matte gleiten lassen.

Portfolio-vorschlag

In der Wolkenschaukel

Wir haben eine große blaue Wolkendecke, in der wir unsere Regentropfenbälle sammeln. Heute haben wir es kräftig regnen lassen und dann habe ich mich in die Wolkendecke gelegt. (Name) und (Name) haben mich ganz sanft in der Decke hin und her gewiegt und geschaukelt. Das hat sich sehr gemütlich und kuschelig angefühlt, bis die Decke wieder zur Regenwolke wurde und es plötzlich zu regnen begonnen hat. Ich bin sanft wie ein Regentropfen aus der schönen Wolkenschaukel gepurzelt.

Vogelflug in der Sonne

Alter: ab 3 Jahren
Dauer: 5 – 10 Minuten
Anzahl: ab 5 Kindern
Material: für jedes Kind einen Reifen

Der Reifen wird zum Vogelnest. Jedes Kind setzt sich in sein Nest. Nach dem Ruf der Projektleitung: *„Die Sonne geht auf!"* verlässt jeder Vogel sein Nest und fliegt flatternd durch den Raum. Auf das Signal: *„Es regnet!"* fliegen schnell alle zu ihrem Nest zurück.

Tanz unter dem Regenbogen

Alter: ab 2 Jahre
Dauer: 10 Minuten
Anzahl: ab 2 Kindern
Material: Gartenschlauch
Vorbereitung: 5 Minuten

Die Projektleitung stellt den Gartenschlauch so ein, dass das Wasser ganz fein versprüht wird. Der Wasserstrahl ist der Regenbogen. Wenn sich alle mit dem Rücken zur Sonne stellen und in den Wassernebel sehen, wird oft tatsächlich ein Regenbogen sichtbar, unter dem die Kinder tanzen können. Dazu singen sie folgendes Lied nach der Melodie „*Es regnet, es regnet*“:

Es regnet, es regnet, die Sonne scheint dazu.
Wir tanzen unterm Regenbogen ich und du.

Gemeinsam denken sich die Kinder weitere Strophen aus wie diese:

... Wir drehn uns unterm Regenbogen, ich und du.
... Wir hüpfen unterm Regenbogen, ich und du.
... Wir stampfen unterm Regenbogen, ich und du.
... Wir klatschen unterm Regenbogen, ich und du.
... Wir tanzen unterm Regenbogen, ich und du.

Alle bewegen sich dem Text entsprechend.

Hinweis: Der Regenbogentanz kann auch unter einem imaginären Regenbogen im Zimmer veranstaltet werden. Draußen ein tolles Wasserspiel für einen heißen Sommertag – drinnen ein anregendes Bewegungsspiel.

Mit dem Regen malen

Alter: ab 1 Jahr
Dauer: 10 Minuten
Anzahl: 2 bis 3 Kinder
Material: festes weißes Papier, Fingerfarben (evtl. verdünnt)

An einem Regentag malt der Regen „Regenbilder". Die Kinder klecksen Fingerfarbe auf das Blatt. Anschließend gehen sie mit den Bildern in den Regen. Die Farben verlaufen, mischen sich und ergeben bunte Muster.

Portfolio-vorschlag

Ich habe mit dem Regen gemalt

Ich kann mit dem Regen malen. Dazu habe ich ein paar Kleckse mit Fingerfarben auf mein Papier gemacht. Dann bin ich schnell in den Regen gegangen. Der Regen ist auf mein Papier getropft und aus den Klecksen sind ganz neue Bilder entstanden. Das war so spannend, da hat es mir gar nichts ausgemacht, dass ich auch ein bisschen nass geworden bin.

Wasser sammeln

Alter: ab 1 Jahr
Dauer: 20 Minuten
Anzahl: beliebig
Material: Becher, Schalen Schüsseln, Eimer…

An einem Regentag verteilt die Projektleitung Behälter an die Kinder. Sie fangen möglichst viel Wasser auf, das sie in einem Eimer sammeln. Oft entdekken sie Rinnsale an Rutschen, Dächern etc. wo sich schneller viel Wasser sammeln lässt.

Regenbogen

Alter: ab 2 Jahren
Dauer: 20 Minuten
Anzahl: 2 bis 3 Kinder
Material: Glanzpapier in Regenbogenfarben, festes Papier, Buntstifte, Klebe, Materialschalen
Vorbereitung: 5 Minuten

Die Projektleitung malt einen großen Regenbogen und färbt ihn, indem sie ihn ganz leicht mit den Holzfarben anmalt. Die Kinder reißen Buntpapierschnipsel und bekleben den Regenbogen. Sie orientieren sich dabei an den Holzfarbentönen.

Kindersonne

Alter: ab 2 Jahren
Dauer: 5 Minuten
Anzahl: ab 5 Kindern
Material: gelbe Tücher oder alle Kinder tragen gelbe Kleidung, kleine Trittleiter oder Stuhl

Alle bis auf ein Kind legen sich in einem Kreis (Köpfe innen, Beine ausgestreckt und gespreizt) auf den Boden und bilden eine Sonne. Auf einem blauen Teppich oder dunklem Boden sieht das besonders eindrucksvoll aus. Das einzelne Kind steigt auf die Trittleiter und betrachtet die Sonne von oben. Dann wird dieses Kind zu einem Teil der Sonne und ein anderes Kind steigt auf die Leiter.

Hinweis: Für die Kinder ist es sehr spannend einen anderen Blickwinkel einzunehmen.

Wolkenbilderbetrachtung

Alter: ab 2 Jahren
Dauer: 10 Minuten
Anzahl: 2 bis 3 Kinder
Material: Fotos verschiedener Wolkenformationen, für die Variante: Papier, blaue, graue und weiße Finger- oder Wasserfarben, Watte oder Schwamm

Alle betrachten gemeinsam die Wolkenbilder oder sehen – je nach Wetterlage - in den Himmel. Die Projektleitung stellt Impulsfragen: Welche Form haben die Wolken? Sind sie hell oder dunkel, groß oder klein? Gibt es Wolkenbilder? Welches Wetter herrscht, wenn die kleinen weißen Wolken am Himmel sind? Wie wird das Wetter, wenn die dunklen grauen Wolken kommen? Wird bald Regen kommen?

Variante: Die Projektleitung bietet einen großen Bogen Papier und blaue, graue und weiße Finger- oder Wasserfarben an und die Kinder malen oder tupfen mit Watte oder einem Schwamm eigene Wolkenformationen.

Portfolio-vorschlag

Wolken sind wie Bilder

Heute haben wir viele Fotos von ganz verschiedenen Wolken angesehen. Manche Wolken waren ganz zart und klein, andere waren sehr dunkel und mächtig. Ich habe sofort gewusst, dass es gleich regnen wird, wenn so große Wolken am Himmel sind. Später haben wir draußen am Himmel auch Wolken gesucht. Ich habe eine Wolke entdeckt, die wie ein Ball (Flugzeug, Haus... einfügen) ausgesehen hat.

Pfützenforscher

Alter: ab 1 Jahr
Dauer: 30 Minuten
Anzahl: beliebig
Material: Straßenkreiden, Becher

Kinder erforschen Pfützen. Sie springen hinein, waten durch, schmeißen Steine hinein...

Variante 1: Wenn die Kinder sich ausgetobt haben, machen sich alle auf die Suche nach einer „unberührten" Pfütze. Sie umranden die Pfütze mit Straßenkreide. Am nächsten Tag ist meist nur die Umrandung übrig, die Kinder finden die Pfütze nicht wieder. Die Projektleitung erinnert die Kinder an die Geschichte von Blubb.

Variante 2: Die Kinder lassen Blätter und Äste in den Pfützen schwimmen.

Variante 3: Die Kinder gießen mit Gießkannen und Eimern eigene Pfützen. Wohin fließt das Wasser?

Mini-Projekt 7:
So viele Tiere, so viel Regen und ein großes Schiff

Ausgangspunkt für das Projekt „Eine Arche voller Tiere" ist die Begeisterung der Kinder für Tiere. Alles was krabbelt und kriecht, hüpft oder fliegt, zieht unwillkürlich die Aufmerksamkeit der Kleinen auf sich. Nicht zufällig erzählen zahllose Bilderbücher Tiergeschichten, nicht umsonst gehen wir in den Zoo und nicht zuletzt deshalb schenken wir unseren Kindern immer wieder gerne Kuscheltiere. Egal ob eine Katze durch den Garten schleicht, ein Spatz frech auf der Terrasse herum hüpft oder der Teddybär im Puppenbett schläft – alles was mit Tieren zu tun hat, fasziniert und begeistert Kinder und lädt sie zum Beobachten im Garten, zum genauen Hinsehen im Bilderbuch, zum Imitieren im Rollenspiel und zum Nachahmen in Bewegungsspielen ein. Diese natürliche Faszination der Tierwelt kann Grundlage vielseitiger Spielideen sein.
Das Frühjahr bietet sich hier besonders an, weil die erwachende Natur und die Freude am „draußen sein" das ideale Umfeld bietet, die heimische Tierwelt in ihrer natürlichen Umgebung zu entdecken und zu beobachten oder einen Besuch auf einem Bauernhof oder in einem Zoo zu machen.
Als Einstieg dient die Geschichte von Noah und seiner Arche. Alle Kinder gestalten ein großes Schiff aus Pappe oder festem Papier, die Projektleitung hängt es an einem geeigneten Platz auf und das Schiff wird Woche für Woche mit neuen Tieren bevölkert.

Noah und die Arche – Als es nicht mehr aufhörte zu regnen

Alter: ab 2 Jahren
Dauer: 15 Minuten
Anzahl: 2 bis 5 Kinder
Material: Bilderbuch oder Puzzle zur Noah-Geschichte, Kuscheltiere oder Spieltiere aus der Bauecke, selbstgebaute Arche (z.B. ein mit einer Decke ausgelegter Bananenkarton oder ein Spielzeugschiff)
Vorbereitung: 5 Minuten

Die Projektleitung stellt das Schiff und die Tiere verdeckt bereit. Sie spielt mit den Kindern das Gewitter-Fingerspiel oder singt das Lied *„Es regnet, es regnet".* Mit den Worten: *„Ich kenne eine Geschichte, in der es lange Zeit nicht mehr aufgehört hat zu regnen...",* leitet sie zum Bilderbuch oder der Geschichte über und erzählt sie den Kindern. Sie holt das Schiff mit den Tieren hervor. Alle benennen die Tiere und spielen die Geschichte nach: Die Kinder bringen die Tiere einzeln in die Arche. Die Projektleitung fordert dazu jedes Kind namentlich auf und nennt ihm auch das Tier, das es in die Arche bringen soll. Zwischen jedem Tier singen alle: *„Es regnet, es regnet".*

Zum Abschluss singen nochmal alle das Lied in folgender Version: *„Es regnet, es regnet, die Erde wird nass. Die Tiere sind trocken, was schadet denn das."*

Hinweis: Die Kinder wiederholen, erzählen und spielen die Geschichte gerne viele Male auch während des Freispiels in den folgenden Tagen. Schiffe entstehen auf unterschiedlichste Weise: aus Lego-Duplo-Steinen, Kartons, Holzkisten, umgedrehten Tischen...

Hurra, hurra, die Tiere kommen

Text und Melodie nach: Hurra, hurra, die Kinder kommen, Menschenkinderverlag

Alter: 1 bis 3 Jahre
Dauer: 5 Minuten
Anzahl: beliebig

Hurra, hurra, die Elefanten kommen, Elefanten kommen, Elefanten kommen. Hurra, hurra, die Elefanten kommen – Noah freut sich sehr.
Hurra, hurra, die Pferde kommen, Pferde kommen, Pferde kommen. Hurra, hurra, die Pferde kommen – Noah freut sich sehr.
Hurra, hurra, die Hunde kommen, Hunde kommen, Hunde kommen. Hurra, hurra, die Hunde kommen – Noah freut sich sehr.
Hurra, hurra, die Schnecken kommen, Schnekken kommen, Schnecken kommen. Hurra, hurra, die Schnecken kommen – Noah freut sich sehr.

Alle Kinder gehen hintereinander im Kreis und stellen die unterschiedlichen Tiere dar. Zu „*Noah freut sich sehr.*" klatschen alle in die Hände. Gemeinsam erfinden sie weitere Strophen.

Portfolio-vorschlag

Alle Tiere kommen in die Arche

Heute haben wir die Geschichte von Noah gespielt. Wir haben uns in Tiere verwandelt. Ein Tier nach dem anderen ist auf die Arche gekommen und Noah hat sich über jedes Tier sehr gefreut. Wir sind gestampft, wie ein Elefant und gehüpft wie ein Hase. Wir sind galoppiert wie ein Pferd und geflogen wie ein Vogel. Und zuletzt sind wir gekrochen wie eine Schnecke.

Alle Vögel fliegen hoch

Alter: ab 3 Jahren
Dauer: 5 Minuten
Anzahl: beliebig

Das bekannte Spiel wird an das Thema angepasst: Alle Tiere möchten in die Arche – aber nicht alle können fliegen. Wie gelangen die anderen Tiere in die Arche?
Alle Kinder tippen mit den Zeigefingern abwechselnd auf die Tischkante. Die Projektleitung lässt alle möglichen Tiere in die Luft fliegen und hebt dabei immer die Hände in die Luft. Die Kinder müssen gut aufpassen. Welche Tiere können nicht fliegen? Wie bewegen sich diese Tiere auf die Arche?

Alle Vögel fliegen in die Arche.
Alle Elefanten fliegen in die Arche.
Alle Schmetterlinge fliegen in die Arche.
Alle Katzen fliegen in die Arche.
Alle Mücken fliegen in die Arche.
Alle Bienen fliegen in die Arche...

Wer ist schon in der Arche?

Alter: 3 Jahre
Dauer: 5 Minuten
Anzahl: 2 bis 5 Kinder
Material: 3 bis 4 kleine Tiere (Belebungsmaterial für die Bauecke), Spielzeugschiff als Arche, Tuch

Die Projektleitung platziert die Arche für die Kinder nicht einsehbar hinter sich. Sie stellt drei Tiere nebeneinander auf, zeigt und benennt sie mehrmals. Die Projektleitung verdeckt die Tiere mit einem Tuch. Ein Tier möchte heimlich auf die Arche gehen: Die Projektleitung nimmt ein Tier unter dem Tuch weg und legt es verdeckt in die Arche, deckt die Tiere wieder auf und fragt die Kinder, welches Tier auf die Arche gegangen ist. Gemeinsam kontrollieren sie und bringen das Tier wieder zurück zu den anderen. Die Projektleitung nimmt noch ein Tier dazu oder stellt die Tiere in einer anderen Anordnung auf, wodurch es schwieriger wird, das fehlende Tier zu bemerken.

Hinweis: Das Spiel fördert Konzentrationsvermögen und logisches Denken.

Portfolio-vorschlag

Wer schleicht hier auf die Arche

Heute haben der Elefant, der Hund und die Henne ein Spiel mit mir gespielt. Immer ist ein Tier ganz heimlich auf die Arche geschlichen und ich musste raten, welches Tier es war. Das war gar nicht so einfach und ich musste sehr genau aufpassen. Am schwierigsten war es, als die Tiere auch noch ihre Plätze getauscht haben. Aber ich hab es trotzdem geschafft!

Ein großes Schiff für Noah

Alter: ab 1 Jahr
Dauer: 20 Minuten
Anzahl: 2 bis 4 Kinder
Material: große Papierrolle mit festem Papier oder Wellpappe, braune Fingerfarbe, Schwämme, Abdeckfolie als Malunterlage, Kreppklebeband
Vorbereitung: 5 Minuten

Die Projektleitung malt auf das Papier ein großes Schiff, schneidet es aus und klebt es auf die Abdeckfolie, damit es beim Malen nicht verrutscht. Sie erzählt oder spielt die Geschichte von Noah und der Arche und singt mit den Kindern die bekannten Lieder, bevor sie ihnen vorschlägt, für Noah eine große Arche zu gestalten. Die Kinder bemalen die vorbereitete Arche. Sie können dabei großflächig mit Fingern und Händen malen oder Schwämme und breite Malerpinsel benutzen.

Hinweis: Im Sommer können die Kinder in Windeln draußen malen, andernfalls sollten sie Malerkittel tragen. Im Laufe des Projekts beklebt die Projektleitung das Schiff mit den gebastelten Tieren.

Portfolio-vorschlag

Ein großes Schiff für Noah

Wir haben für Noah ein großes Schiff gemalt. Dazu mussten wir alle fleißig zusammen arbeiten und aufpassen, dass wir uns nicht gegenseitig stören. Wir haben mit Händen und Schwämmen gemalt. Weil wir Wellpappe verwendet haben, hat sich das sehr interessant angefühlt und es sieht aus, als ob die Arche aus richtigem Holz ist. Als wir fertig waren, musste die Arche gut trocknen.

Die Arche füllen

Alter: ab 1 Jahr
Dauer: 15 – 20 Minuten
Anzahl: 3 bis 5 Kinder
Material: Kuscheltiere, verschiedene Turngeräte, wie Langbank, Reifen, was der Turnraum hergibt... ersatzweise Stühle, Tische, Kartons, Kriechtunnel, Teppichfliesen, Decken, eine Kiste oder Arche
Vorbereitung: 10 Minuten

Die Projektleitung baut im Turn- oder Gruppenraum kreisförmig einen Bewegungsparcours auf. Am Anfang des Parcours steht eine Kiste oder ein Spielzeugschiff – die Arche. Etwa in der Mitte liegen viele Kuscheltiere bereit. Dazwischen gibt es eine Langbank zum Balancieren, einen Stuhl zum Hochsteigen, einen Tisch oder Tunnel zum Durchkriechen, Reifen zum Durchspringen, Matten zum darauf Hüpfen, eine Bank zum Drüberziehen...

Alle Kinder sitzen im Anfangskreis. Die Projektleitung wiederholt kurz die Geschichte von Noah. Die Kuscheltiere möchten auch in die Arche und die Kinder sollen ihnen dabei helfen. Jedes Kind bekommt den Auftrag, ein bestimmtes Kuscheltier in die Arche zu bringen. Die Kinder beginnen den Parcours, nehmen die Kuscheltiere auf halbem Weg auf und bringen sie in die Arche.

Hinweis: Die Kinder müssen den Parcours teilweise ohne und teilweise mit Kuscheltier überwinden. Dies sollte die Projektleitung beim Aufbauen beachten. Es fällt den Kindern nicht leicht, sich auf dem Weg zu merken, welches Tier sie holen sollen. Daher holen 1-jährige Kinder ein beliebiges Tier. Als ruhiger Abschluss der Sporteinheit bietet sich das folgende Schaukelspiel *„Fährt die Arche übers Meer"* an.

Portfolio-vorschlag

Wir haben die Arche gefüllt

Heute haben wir Noah und den Tieren geholfen. Wir haben alle Tiere auf einem weiten Weg zur Arche gebracht. Ich musste mir genau merken, welches Tier ich abholen sollte und ich durfte es auch nicht verlieren. Das war auf dem langen Weg gar nicht so einfach. Wir mussten zusammen hüpfen und „schwimmen", balancieren und durch Reifen kriechen und noch viel mehr.

Noahs Helfer in der Nacht

Alter: ab 2 Jahren
Dauer: 5 Minuten
Anzahl: ab 2 Kinder
Material: kleine Tiere (Belebungsmaterial aus der Bauecke), Tuch, Spielzeugschiff als Arche

Die Projektleitung zeigt den Kindern die einzelnen Tiere und benennt sie. Alle halten und betasten die Tiere. Die Projektleitung stellt Impulsfragen, um die Kinder für ihre taktile Wahrnehmung zu sensibilisieren: *„Fühlst du den langen Hals der Giraffe? Spürst du den dicken Bauch des Eisbären? Fühlst du den langen Rüssel des Elefanten?"* Wenn die Kinder alle Tiere genau angesehen und betastet haben, werden die Tiere mit dem Tuch abgedeckt. Jetzt wird es dunkel, aber die Tiere wollen trotzdem auf die Arche und die Kinder sollen ihnen dabei helfen. Die Projektleitung fordert einzelne Kinder auf, die Augen zu schließen und ein bestimmtes Tier zu ertasten, hervor zu holen und auf die Arche zu bringen.

Hinweis: Auch jüngere Kinder lieben dieses Spiel und können zusammen mit den „Großen" spielen. Bei Bedarf spitzeln sie einfach unter das Tuch.

Fährt die Arche übers Meer

Alter: ab 1 Jahr
Dauer: 5 Minuten
Anzahl: beliebig

Fährt die Arche übers Meer, schaukelt hin und schaukelt her, schaukelt her und schaukelt hin, alle Tiere sind noch drin.	Auf dem Boden sitzen, Beine leicht angewinkelt, auf dem Po hin und her schaukeln.
Kommt die Sonne dann hervor,	Mit beiden Armen eine große Sonne in die Luft zeichnen.
öffnet Noah schnell das Tor.	Beide Arme weit auseinander führen, Beine anheben und strecken.
Klappt die große Pforte aus und alle Tiere rennen raus.	Mit beiden Händen die Tiere über die Oberschenkel rennen lassen.

Variante für 1-jährige Kinder: Die Projektleitung schaukelt mit dem Kind auf dem Schoß hin und her, zeichnet mit den Armen des Kindes die Sonne in die Luft, öffnet die Arme und hält sie weiter fest, kippt das Kind als Pforte nach hinten und führt die eigenen Hände, die die Hände des Kindes umfassen, an die Seiten des Kindes und kitzelt das Kind.

Portfolio-vorschlag

Fährt die Arche übers Meer

Heute habe ich mich bei (Name der Projektleitung) auf den Schoß gesetzt und wir haben die Arche über das Meer fahren lassen. Ich mag es, wenn es dabei so schön schaukelt. Und wenn die Pforte aufgeht und alle Tiere heraus rennen, kitzelt das ganz lustig.
So geht der Reim dazu: *„Fährt die Arche übers Meer, schaukelt hin und schaukelt her, schaukelt her und schaukelt hin, alle Tiere sind noch drin. Kommt die Sonne dann hervor, öffnet Noah schnell das Tor. Klappt die große Pforte aus und alle Tiere rennen raus."*

Die Tiere auf dem Weg zur Arche

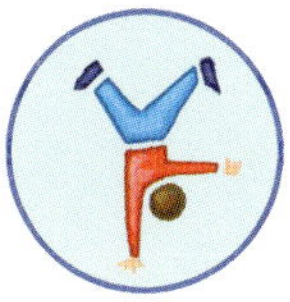

Alter: ab 1 Jahr
Dauer: 5 Minuten
Anzahl: beliebig

Alle Kinder stehen im Kreis und fassen sich an den Händen. Die Projektleitung greift das Arche Noah-Thema auf und die Kinder überlegen, welche Tiere sich auf den Weg in die Arche machen. Die Tiere sind in großer Eile und bewegen sich sehr schnell und rufen laut, damit die anderen Tiere sich auch auf den Weg machen. Im Spielkreis führen die Kinder alle Bewegungen auf der Stelle aus, in einem Bewegungsraum oder im Garten können sich die Kinder auf einem begrenzten Areal tatsächlich von der Stelle bewegen. Die Elefanten stampfen ganz schnell und trompeten laut, die Löwen rennen und brüllen, die Zebras galoppieren und wiehern, die Tiger springen und fauchen, die Hasen hüpfen, die Katzen schleichen, die Mäuse trippeln, die Schnecken kriechen...

Hinweis: Dieses Spiel eignet sich besonders, wenn Kinder z.B. im Spielkreis oder vor einer ruhigen Beschäftigung noch unruhig sind. Ganz nach Bedarf, kann es sehr bewegungsintensiv und laut gestartet und zunehmend ruhiger werdend fortgeführt werden, bis schließlich ein paar ganz „ruhige und langsame" Tiere den Abschluss bilden.

Mini-Projekt 8:

Hunde, Katzen und Mäuse

Haustiere und einheimische Tiere

Hunde und Katzen, Hasen und Meerschweinchen werden häufig als Haustiere gehalten und sind vielen Kindern deshalb bestens bekannt. Selbst wenn Kinder kein eigenes Haustier besitzen, kennen sie Hunde und Katzen, Goldhamster, Meerschweinchen, Zwerghasen, Tanzmäuse oder anderes Kleingetier aus der Nachbarschaft, der Verwandtschaft oder von Freunden. Kaum ein Kleinkind-Bilderbuch kommt ohne Abbildungen von Hunden und Katzen aus und schon die Kleinsten geben stolz ihre Kenntnisse aus der Tierwelt mit einem kräftigen *„Wau-wau"* und einem schmeichelnden *„Miau"* oder einem schüchternen *„Piep-piep"* wieder. Tiere fesseln nicht nur die Aufmerksamkeit der Kinder und fordern sie zu konzentrierter Beobachtung heraus, sie bringen Kinder auch im wahrsten Sinne des Wortes in Bewegung, wenn sie eine Gelegenheit finden, Tiere nachzuahmen und selbst zu krabbeln und zu hüpfen, zu schleichen und zu tapsen...

Haustierbesuch

Alter: ab 1 Jahr
Dauer: 20 Minuten
Anzahl: beliebig
Vorbereitung: 5 Minuten

Die Projektleitung führt ein Gespräch über Haustiere, die Kinder zuhause haben und fragt bei Eltern an, ob ein Haustier zur Spielkreiszeit die Gruppe besuchen darf. Bevor das Tier in die Gruppe gebracht wird, bespricht die Projektleitung wichtige Verhaltensregeln mit den Kindern, damit es den Tieren gut gehen kann. Je nachdem, welche Tiere gebracht werden, können Kinder die Tiere beobachten, streicheln, füttern... Die Projektleitung stellt Impulsfragen: Wie bewegen sich die Tiere? Was fressen sie? Welche Pflege benötigen sie – jede Menge Gesprächsstoff...

Portfolio-vorschlag

Besuch von Toms Kaninchen

Tom hat Zuhause ein kleines Kaninchen. Es heißt Schnuffi. Heute hat uns Schnuffi im Kindergarten besucht. Erst hatte er ein wenig Angst vor uns, aber wir waren ganz vorsichtig und da ist er auch schnell überall im Gang herum gehoppelt. Tom muss Schnuffi jeden Tag frisches Wasser und Futter geben. Er hat uns genau erklärt, was Schnuffi alles frisst. Am liebsten mag er Karotten und Löwenzahn. Tom muss auch immer zusammen mit seinen Eltern Schnuffis Käfig sauber machen. Das mag er nicht so gerne.

Das durstige und hungrige Kätzchen

Alter: ab 1 Jahr
Dauer: 5 Minuten
Anzahl: beliebig
Material: Blubb (Regentropfen aus Waschhandschuh, siehe Seite 44 in Wasser getaucht), Kekskrümel, Brotbrösel, kleine flache Teller, Spiegel

Alle Kinder werden zu Kätzchen und miauen, denn die Kätzchen sind schon seit einiger Zeit auf der Arche und sehr hungrig und durstig. Blubb möchte ihnen helfen und den Durst stillen.

Durstiges Kätzchen: Die Projektleitung drückt auf Blubb, den nassen Regentropfen, trifft aber nur hin und wieder das Gesicht eines Kindes. Die Kinder strecken ihre Zunge weit heraus und versuchen, einen Regentropfen zu erwischen.

Hungriges Kätzchen: Die Projektleitung verteilt Krümel auf vielen kleinen, flachen Tellerchen. Die Kinder nehmen die Krümel abwechselnd mit der Zungenspitze und den Lippen auf. Die Kätzchen lecken jeden kleinen Rest aus dem Gesicht, die Zunge soll im Kreis herum tanzen und dabei die Lippen abschlecken.

Hinweis: Kinder beobachten sich bei diesen Spielen gerne im Spiegel und haben viel Spaß dabei.

Portfolio-vorschlag

Ein hungriges kleines Kätzchen

Heute war ich ein hungriges kleines Kätzchen. Ich musste meine Zunge ganz spitz machen und weit heraus strecken, um von dem Tellerchen lecken und aus dem Schüsselchen trinken zu können. Ich habe sogar versucht, mit meiner Zunge Regentropfen zu fangen. Ich konnte mir dabei im Spiegel zusehen. Das war lustig.

In unserem Häuschen

Hoffmann von Fallersleben

Alter: ab 1 Jahr
Dauer: 5 Minuten
Anzahl: beliebig

In unserem Häuschen
sind schrecklich viele Mäuschen.
Sie trippeln und trappeln,
sie zippeln und zappeln,
sie stehlen und naschen,
und will man sie haschen,
husch, sind sie weg!

Alle zehn Finger sind die Mäuschen, die auf der Tischplatte oder auf den Oberschenkeln krabbeln. Bei *„husch, sind sie weg"* verschwinden die Mäuschen hinter dem Rücken.

Ein Hase sitzt im Grase

überliefert

Alter: 1 bis 3 Jahre
Dauer: 5 Minuten
Anzahl: beliebig

Ein Hase sitzt im Grase, so, so, so.	Alle Kinder sitzen in der Hocke und deuten mit den Händen die Hasenohren an.
Das reicht ihm bis zur Nase, so, so, so.	Dem Liedtext entsprechen auf die Nase zeigen.
Da hebt er seine Beine, so, so, so,	Langsam ein Bein nach dem anderen heben.
und rennt zu einem Steine, so, so, so.	Auf der Stelle rennen.
Der Hase klettert auf den Stein	Die Beine hoch heben, so als würden sie auf einen hohen Stein steigen.
und hüpft herum auf einem Bein.	Sich auf einem Bein hüpfend im Kreis drehen, wobei die Erwachsenen den Kindern die Hand reichen können, falls es nötig sein sollte.
Und plötzlich fällt er um. Bumm.	Alle lassen sich auf den Boden plumpsen.

Hüpfe kleiner Hase

Melodie „Dreh dich kleiner Kreisel", überliefert

Alter: ab 1 Jahr
Dauer: 5 Minuten
Anzahl: beliebig

Hüpfe kleiner Hase, hüpfe immer zu,
rundherum und immer zu
und jetzt kommst du.
Schleiche kleine Katze, ...
Fliege kleiner Vogel, ...
Krieche kleine Schnecke, ...
Zapple kleiner Käfer, ...
Schlafe kleine Maus, schlafe immer zu, rundherum und immer zu und jetzt ist Ruh.

Die Kinder stehen im Kreis, singen gemeinsam das Lied und bewegen sich dem Text entsprechend. Sie können immer neue Strophen erfinden. Wenn als vorletztes Tier der Käfer zappelt, setzen sich die Kinder schon auf den Boden und zappeln mit den Füßen und schließen als Maus die Augen und werden ganz ruhig. Die kleinen Mäuse bleiben ganz still und warten, bis die „Weckmaus" (die Projektleitung) das Signal zum Aufwachen gibt.
Sie klatscht, trommelt auf den Boden und ruft:

„Aufwachen kleine Maus, aufwachen! Streck dich mal richtig, mach dich ganz groß. Jetzt mach dich ganz breit, beug dich weit zum Boden und streck dich nochmal richtig. Und jetzt pass gut auf, denn Katzen können Mäuse fangen!"

Alle Kinder recken und strecken sich, machen sich groß und breit und beginnen auf der Stelle zu laufen...

Hinweis: Dazu passt das folgende Finger- und Berührungsspiel. Die Projektleitung leitet über mit den Worten: *„Pass gut auf kleine Maus, denn..."*

Portfolio-vorschlag

Ich kann hüpfen wie ein Hase

Heute haben wir das Lied: *„Hüpfe kleiner Hase"* gesungen. Ich kann schon hüpfen wie ein Hase, fliegen wie ein Vogel, kriechen wie eine Schnecke, zappeln wie ein Käfer und noch viel mehr... Nur wie die kleine Maus schlafen mag ich nicht so gerne und bin froh, wenn ich wieder aufgeweckt werde, bevor die gefährliche Katze kommt.

Katzen können Mäuse fangen

überliefert

Alter: ab 1 Jahr
Dauer: 3 Minuten
Anzahl: beliebig

Katzen können Mäuse fangen, haben Krallen scharf wie Zangen.	Finger krallenartig abspreizen und bedrohlich bewegen.
Schauen in die Mauselöcher,	Kind unter der Achsel kitzeln.
manchmal sogar auf die Dächer.	Anderem Kind auf den Kopf tippen.
Mäuschen mit den langen Schwänzchen,	Jeweils alle Finger einer Hand spitz zusammenlegen.
machen auf dem Dach ein Tänzchen.	Und als Mäuschen „tanzen" lassen.
Leise, leise kommt die Katze,	Finger wieder krallenartig abspreizen, bedrohlich auf die anderen Kinder zu bewegen.
fängt die Maus mit einem – Satze!	Nach einer kurzen Pause ein Kind mit einer plötzlichen Bewegung fangen.

Wau wau, miau

Alter: ab 2 Jahren
Dauer: 15 Minuten
Anzahl: 2 bis 6 Kinder
Material: Aufnahmen von Tierlauten, Bilder von jedem Tier
Vorbereitung: 10 Minuten

Alle sehen die Bilder an. Welche Tiere kennen die Kinder? Die Projektleitung startet die CD mit den Tierstimmen und lässt die Kinder raten, um welche Tiere es sich handelt. Wie bewegen sich die Tiere? Wo leben sie? Können die Kinder die Tierstimmen nachahmen und die passenden Karten finden?

Hinweis: Es gibt im Internet unzählige Aufnahmen von Tierlauten für Kleinkinder.

Portfolio-vorschlag

Wau wau, miau

Heute habe ich viele verschiedene Tierstimmen gehört. Ich erkenne viele Tiere und weiß, welche Laute sie machen.

Die Mäuse mögen große Katzen

Alter: ab 2 Jahren
Dauer: 5 – 10 Minuten
Anzahl: beliebig
Material: eine Decke
Vorbereitung: 5 Minuten

Die Mäuse mögen große Katzen,
die nur schnurren und nicht kratzen.
Doch wenn die Katzen hungrig sind,
dann fliehen die Mäuse ganz geschwind!

Alle sprechen den Reim. Die Kinder laufen oder krabbeln als Mäuse durch den Raum. Die Projektleitung ist die Katze. Am Ende des Verses angekommen, machen die hungrigen Katzen plötzlich Jagd auf die Mäuse. Alle Mäuse versuchen in ein Mauseloch (auf eine Decke, hinter eine Bank oder unter einen Tisch, auf die Rutsche oder die Schaukel) zu fliehen.

Variante: Die gefangenen Mäuse unterstützen in der nächsten Spielrunde die Katzen.

Mäuschen

Alter: 3 Jahre
Dauer: 10 Minuten
Anzahl: 1 – 2 Kinder
Material: Knetmasse

Die Kinder formen mit Hilfe der Projektleitung die Knetmasse zu einer Kugel, bilden auf einer Seite eine Spitze, rollen ein Schwänzchen und drücken es an. Sie rollen kleine Augen und drücken sie ebenfalls an.

Hinweis: Die Kinder experimentieren gerne mit der Knetmasse und haben manchmal ganz eigene Ideen, wie sie ein Mäuschen formen können oder ahmen die Projektleitung nach. Jüngere Kinder formen gerne Futterschälchen oder Hundeknochen.

Familie Maus

Alter: ab 2 Jahren
Dauer: 10 Minuten
Anzahl: 1 – 2 Kinder
Material: Tonpapierkreise in zwei bis drei Größen (ca. 20 - 25cm Durchmesser), Buntstifte, Klebe, Scheren, feste Papierschnur oder Bast
Vorbereitung: 5 Minuten

Die Projektleitung schneidet den Tonpapierkreis aus und viertelt ihn. Die Kinder malen den Viertelkreis als Mäuschen an. Die Projektleitung faltet es in der Mitte und malt auf beide Seiten ein Auge. Die Kinder kleben Tonpapierschnipsel als Ohren und ein Stück Papierschnur als Schwänzchen an.

Hinweis: Wurde vorher das Arche Noah Projekt durchgeführt, können die Mäuschen auf der großen Arche Platz finden.

Mama-Maus

überliefert

Alter: 1 bis 3 Jahre
Dauer: 5 Minuten
Anzahl: beliebig

Das ist Mama-Maus, Mama-Maus sieht wie alle Mäuse aus.	Den Daumen zeigen. Gelangweilt schauen und eine abwinkende Handbewegung machen.
Sie hat ein spitzes Näschen,	Mit beiden Händen ein wenig an die Nase drücken, so dass ein nasaler Klang beim Sprechen entsteht.
lange Öhrchen,	Die Hände an die Ohren legen.
ein ganz weiches Fell,	Sanft über den Handrücken streicheln.
und sooo einen langen Schwanz!!!	Mit den Händen sehr plötzlich und abrupt auseinander fahren, so dass alle erschrecken und auf diese Weise den langen Schwanz andeuten.

Die Bewegungen werden mit jeder Strophe wiederholt, wobei für Papa-Maus der Zeigefinger, für Bruder-Maus der Mittelfinger, für Schwester-Maus der Ringfinger gezeigt wird.

Das ist Papa-Maus, …	
Das ist Bruder-Maus, …	
Das ist Schwester-Maus, …	
Und der Kleine hier, das ist Baby-Maus,	Auf den kleinen Finger zeigen.
Baby-Maus sieht nicht wie alle Mäuse aus.	Mit dem Zeigefinger eine verneinende Bewegung machen und den Kopf schütteln.
Es hat ein stumpfes Näschen,	Mit der Hand leicht gegen die Nase drücken.
kurze Öhrchen,	Mit den Fäusten die Ohren drücken.
gar kein weiches Fell,	Mit dem Handgelenk der einen Hand über den Handrücken der anderen Hand reiben und dabei das Gesicht verziehen.
und sooo einen kurzen Schwanz!!!	Mit den Händen ruckartig zusammen fahren, so dass durch das unerwartete Klatschen alle erschrecken.

Mini-Projekt 9:
Es krabbelt und zappelt
Käfer, Bienen und Spinnen

Sehr junge Kinder haben in der Regel keinerlei Berührungsängste. Sie sind nicht nur von umher flatternden Schmetterlingen fasziniert, sondern auch Käfer, Spinnen oder andere Insekten finden schnell ihre Aufmerksamkeit. Je kleiner ein Tier ist und je schneller es krabbelt und zappelt, desto spannender ist es für Kinder, das Tier zu beobachten und es besser kennenzulernen. Nicht selten können Kinder mit erstaunlicher Ausdauer kleine Käfer auf ihrer Hand krabbeln lassen und mit großer Konzentration einer Spinne beim Bau ihres Netzes oder beim Fangen einer Fliege zusehen. Sie sammeln mit Begeisterung Raupen im Gebüsch. Oft genügt ein kleiner Hinweis, um ihr Interesse zu wecken und Vergrößerungsgläser und Becherlupen, um ihren Forscherdrang anzuregen.

Ein klitzekleines Spinnentier

Alter: ab 1 Jahr
Dauer: 5 Minuten
Anzahl: 1 bis 2 Kinder
Material: eventuell kleine Spinne (siehe Seite 70)

Ein klitzekleines Spinnentier
krabbelt dort und krabbelt hier.
Wandert über deine Knie
und kitzelt dich hihi hihi
Wandert über deinen Rücken,
da musst du dich ein wenig bücken.
Wandert über Bauch und Wangen
und bleibt in deinem Haar gefangen.
Kribbel krabbel, zippel zappel…

Variante für 1-jährige Kinder: Die Hand der Projektleitung wird zur Spinne. Sie zeigt dem Kind die Hand und zappelt mit den Fingern. Sie führt die Bewegungen und Berührungen dem Vers entsprechend aus, kitzelt das Kind also hinter den Knien, wandert über den Rücken, Bauch und Wangen und wuschelt mit den Fingern durch die Haare des Kindes.

Variante für 2- bis 3-jährige Kinder: Sie spielen das Berührungsspiel zu zweit miteinander und üben dabei vorsichtig und rücksichtsvoll miteinander umzugehen.

Portfolio-vorschlag

Das klitzekleine Spinnentier hat mich gekitzelt

Heute hatte ich viel Spaß, weil das klitzekleine Spinnentier über meinen Körper gekrabbelt ist. Das hat lustig gekitzelt und ich habe genau gespürt, wo meine verschiedenen Körperteile sind.
Hier kannst du den Spinnenvers lesen:
„Ein klitzekleines Spinnentier
krabbelt dort und krabbelt hier.
Wandert über deine Knie
und kitzelt dich hihi hihi
Wandert über deinen Rücken,
da musst du dich ein wenig bücken.
Wandert über Bauch und Wangen
und bleibt in deinem Haar gefangen.
Kribbel krabbel, zippel zappel…"

Ein frecher Käfer

Alter: ab 1 Jahr
Dauer: 5 Minuten
Anzahl: 1 bis 2 Kinder

Ein frecher Käfer krabbelt schnelle
von einer zu der andern Stelle,
linker Arm, rechtes Bein,
schnell in deinen Schuh hinein.
Kille, kille, kille...
Krabbelt wieder raus
und die Geschicht ist aus!

Die Projektleitung formt mit den Fingern den frechen Käfer, krabbelt dem Text entsprechend über den Körper des Kindes und bohrt schließlich einen Finger ein wenig in den Schuh des Kindes und versucht es am Fuß zu kitzeln. Ältere Kinder bilden Paare und spielen zusammen. Dabei üben sie behutsam miteinander umzugehen.

Portfolio-vorschlag

Der freche Käfer

Heute ist der freche Käfer über meinen linken Arm und mein rechtes Bein gekrabbelt und in meinem Schuh verschwunden! Der freche Käfer hat mich am Fuß gekitzelt und ich musste so lachen. (Hier einfügen, wenn ein Kind die Berührung an einer Stelle gar nicht mochte, oder an einer anderen Stelle besonders genossen hat.) Hier kannst du den Käfer-Vers lesen und wir können gleich zusammen spielen. Soll ich den Käfer mal in deinen Schuh krabbeln lassen?

„Ein frecher Käfer krabbelt schnelle
von einer zu der andern Stelle,
linker Arm, rechtes Bein,
schnell in deinen Schuh hinein.
Kille, kille, kille...
Krabbelt wieder raus
und die Geschicht ist aus!"

Käferdame Babette

Alter: ab 2 Jahren
Dauer: 5 Minuten
Anzahl: 1 Kind

Die Käferdame Babette
krabbelt mit dir um die Wette.
Erst krabbelt sie hier, dann krabbelt sie dort,
sie krabbelt ganz lustig an jedem Ort.
Sie krabbelt wie der Wind
und fängt dich ganz geschwind!

Die Projektleitung verwandelt sich in den Käfer Babette und krabbelt mit den Kindern um die Wette. Sie machen eine lustige Jagd, wenn der Käfer versucht, ein Kind zu fangen. Wird ein Kind gefangen, ist es der nächste Krabbelkäfer Babette.

Fleißige Krabbeltiere

Alter: ab 2 Jahren
Dauer: 5 Minuten
Anzahl: ab 2 Kinder
Material: kleine Gegenstände, z.B. Steine, Eicheln, Kastanien, Nüsse..., eine große Decke, Stühle, Kisten oder andere Hindernisse, für jedes Kind einen andersfarbigen, kleinen Becher oder eine Schale

Die Projektleitung breitet die Decke aus und verteilt darauf die Hindernisse sowie darauf und darunter die kleinen Gegenstände. Jedes Kind bekommt einen kleinen Becher oder eine Schale in einer anderen Farbe, damit alle ihre Sammelbehälter gut wiedererkennen können. Die Kinder gehen mit etwas Abstand zur Decke auf alle Viere und verwandeln sich in fleißige Ameisen oder Käfer. Auf ein Signal der Projektleitung machen sich die kleinen Krabbeltiere auf den Weg zur Decke und suchen nach Vorräten. Wer zwischen den Hindernissen etwas findet, krabbelt schnell zum Ausgangspunkt zurück und legt den Gegenstand in den Vorratsbehälter. Es darf immer nur ein Teil mit auf den Weg genommen werden. Wer kann die meisten Vorräte sammeln?

Schmetterlingstanz

Alter: ab 1 Jahr
Dauer: 5 Minuten
Anzahl: ein Kind und mehr
Material: rechteckige Filzstücke oder Krepppapier, Pfeifenputzer oder feste Schnur, Geschenkband

Die Projektleitung bastelt mit Hilfe der Kinder kleine Schmetterlinge aus Krepppapier oder Filz, den sie in der Mitte rafft und mit einem Pfeifenputzer umwikkelt. Die beiden Enden des Pfeifenputzers dreht sie ein wenig ein und bildet so die Fühler des Schmetterlings. Die Projektleitung nimmt den Schmetterling in eine Hand und landet damit auf verschiedenen Körperteilen eines Kindes. Dabei benennt sie die Körperteile in einem kleinen Reim im Sprechgesang, z.B.:

„Schmetterling, Schmetterling fliegt zu deiner Nase hin.
Schmetterling, Schmetterling, fliegt zu deinem Bauch hin.
Schmetterling, Schmetterling, fliegt zu deinem Mund hin.
Schmetterling, Schmetterling fliegt zu deiner Zehe hin…"

Variante 1: Das Kind bestimmt selbst, wohin der Schmetterling fliegen soll. Es setzt den entsprechenden Körperteil in den Vers ein.

Variante 2: Das Kind lässt den Schmetterling selbst fliegen. Die Projektleitung gibt Anweisungen, z.B.: *„Schmetterling, Schmetterling, flieg zu meiner Schulter hin!"*

Variante 3: Das Kind schließt die Augen und die Projektleitung lässt den Schmetterling auf einem beliebigen Körperteil landen. Kann das Kind spüren, wo der Schmetterling gelandet ist?

Hinweis: Bestehen die Fühler aus Geschenkband oder einer Schnur, sind sie nicht ganz so stabil, aber besser für die 1-Jährigengeeignet. Für sie empfiehlt es sich Filz zu verwenden, da die Schmetterlinge auch manchmal im Mund landen und Krepppapier häufig färbt. Ältere Kinder lassen den Schmetterling auf einem anderen Kind landen.

Portfolio-vorschlag

Ich kann fühlen, wo mein Schmetterling landet

Heute habe ich den kleinen Schmetterling fliegen lassen. Dabei habe ich genau gespürt, wo meine verschiedenen Körperteile sind und wie sich die Berührung dort anfühlt. Hier kannst du den Vers lesen, den wir dabei gesprochen haben: *„Schmetterling, Schmetterling fliegt zu deiner Nase hin."*

Klitzekleine Spinnentiere

Alter: ab 2 Jahren
Dauer: 5 Minuten
Anzahl: 1 Kind
Material: feste schwarze, graue oder braune Schüre, z.B. Paketschnur, Schere, weißer oder schwarzer Lackstift oder Edding
Material für Variante: schwarze Pfeifenputzer, dicke schwarze Wolle oder weiterer Pfeifenputzer, 2 weiße Papier-Locher-Kreise

Die Kinder schneiden mit Hilfe der Projektleitung die Schnüre in einer Länge von ca. 13cm zu. Jedes Kind bekommt vier Schnüre, die es in der Mitte verknoten soll. Das geht am besten um einen ganz dünnen Stift herum. Das Kind spreizt die acht Enden zu beiden Seiten etwas ab und malt mit Lackstift Augen auf. Fertig ist das Spinnentier!

Variante 1: Das Kind ordnet vier Pfeifenputzer an und umwickelt sie in der Mitte mit einem weiteren Pfeifenputzer, so dass ein Körper entsteht. Es biegt die Beine zurecht und klebt Locher-Schnipsel als Augen auf.

Variante 2: Das Kind wickelt den Körper aus Wolle. Es bindet den Faden mit Hilfe der Projektleitung an einem Bein fest und lässt ihn etwas überstehen. So kann das Kind die Spinne später führen oder von einem erhöhten Platz am Spinnfaden herunter lassen.

Portfolio-vorschlag

Ein freches kleines Spinnentier

Heute habe ich ein freches kleines Spinnentier gebastelt. (Name einsetzen) hat dafür vier Pfeifenputzer festgehalten und ich habe sie mit einem weiteren Pfeifenputzer umwickelt. So hat meine Spinne einen dicken Bauch bekommen. Wir haben ihr noch Augen aufgemalt und einen langen Spinnfaden angeknotet. Dann bin ich mit meiner Spinne auf die Rutsche gestiegen und habe sie herunter gelassen, genau wie es echte Spinnen auch immer machen.
Das hat Spaß gemacht.

Honigbienen

Alter: ab 2 Jahren
Dauer: 5 – 10 Minuten
Anzahl: ab 5 Kinder
Material: Reifen oder Teppichfliesen

Die Projektleitung legt Reifen als Blüten aus, und zwar ein Reifen weniger, als Kinder mitspielen. Sie erzählt den Kindern eine kurze Geschichte: Im Sommer fliegen die Bienen eifrig von Blume zu Blume. Aber alle Blüten sind „besetzt" und eine einzelne Biene versucht auch einen Platz zu erhaschen. Die Kinder sind die Bienen und fliegen von Blüte zu Blüte. Auf ein Zeichen der Projektleitung, zum Beispiel ein Klatschen, versuchen alle schnell in einen Reifen zu gelangen. Wer nimmt die Biene zu sich, die zu langsam war und keine Blüte mehr gefunden hat?

Hinweis: Das Spiel eignet sich gut um erste Kontakte zwischen Kindern anzubahnen. Wenn die Kinder sich schon kennen, kann nach jedem Durchgang eine Blüte entfernt werden und immer mehr Honigbienen müssen sich eine Blüte teilen.

Große Spinnentiere

Alter: ab 1 Jahr
Dauer: 20 Minuten
Anzahl: 2 bis 3 Kinder
Material: Klopapierrollen, Fingerfarben, Pfeifenputzer, spitze Schere, Locher-Kreise, für die Variante bunte runde Plastik-Topfreiniger, Glitzerklebe

Die Kinder bemalen Klopapierrolle als Spinnenkörper. Die Projektleitung bohrt auf jede Seite vier Löcher. Die Kinder stecken mit Hilfe der Projektleitung die Pfeifenputzer als Beine durch die Löcher und biegen sie zurecht.

Variante: Das Kind schiebt vier Pfeifenputzer unten durch einen Topfreiniger und biegt sie zurecht. Es klebt Locher-Kreise als Augen auf und verziert den Rücken mit Glitzerklebe.

Käfer-, Spinnen- und Raupenforscher

Alter: 2 bis 3 Jahre
Dauer: beliebig
Anzahl: beliebig
Material: Becherlupen, Vergrößerungsgläser, eventuell Terrarium

Die Kinder suchen bei einem kleinen Spaziergang mit der Projektleitung Insekten, Spinnen oder Regenwürmer. Sie beobachten die Tiere mit einer Lupe im Freien oder mit einer Becherlupe auch mal im Zimmer. Für kurze Zeit können sie die Tiere sogar in ein Glas oder Terrarium geben und beobachten. Anschließend lassen alle gemeinsam die Tiere wieder frei.

Mini-Projekt 10:
Was kriecht denn da
Schnecken auf dem Weg

Schnecken finden sich in nahezu jedem Garten. Ein Tier, das sein Haus und damit sein Zuhause mit sich herum trägt, weckt leicht das Interesse und die Begeisterung von Kindern. Schneckenhäuser sehen immer wieder anders aus. Unterschiedliche Farben, Größen und Formen fordern unwillkürlich zum Sammeln und zum Vergleichen heraus. Wie spannend ist es, Schneckenspuren zu entdecken und zu untersuchen, ob ein Haus noch bewohnt oder leer ist. Haben Kinder einmal entdeckt, wie sich eine Schnecke zurück zieht, sobald sie ihre Fühler berühren, warten sie oft mit großer Ausdauer und Geduld, bis eine Schnecke wieder hervorkommt.

Schneckenbesuch im Schneckenhotel

Alter: ab 1 Jahr
Dauer: 10 Minuten
Anzahl: beliebig
Material: großes Glas oder Terrarium, Moos, Gras, Salat..., eine Schnecke, Lupen, Becher
Vorbereitung: 5 Minuten

Die Projektleitung versteckt eine Schnecke in einem Glas mit Blättern. Sie deckt das Schneckenglas zunächst ab. Die Projektleitung stellt den Kindern eine Rätselfrage: *„Kennt ihr ein Tier, das sein Haus auf dem Rücken trägt?"* Oder sie greift auf die Arche-Noah-Geschichte zurück: *„Noah hat in seine Arche auch sehr kleine Tiere eingeladen. Eines davon ist ganz besonders langsam. So ein Tier habe ich euch mitgebracht. Ich bin gespannt, ob ihr es findet."* Die Kinder machen sich auf die Suche nach dem Tier und finden die Schnecke. Sie beobachten die Schnecke genau: Wo ist sie gerne? Was frisst sie? Was macht sie mit ihren Fühlern? Und warum?... Die Kinder müssen die Impulsfragen nicht alle sofort beantworten, sondern gehen in den nächsten Tagen diesen Fragen gemeinsam forschend auf den Grund.

Variante: Weil die Schnecke nicht gerne allein ist, suchen die Kinder ein paar Freunde für sie. Alle gehen in den Garten und machen sich auf Schneckensuche. Die Projektleitung weist die Kinder darauf hin, wie sie achtsam mit den Tieren umgehen können. Die Kinder füllen ein Terrarium mit Erde, Gräsern, Blättern, Wurzeln und Ästen und setzen die gefundenen Schnekken hinein.

Hinweis: Ein abgedecktes „Schneckengehege" aus Glas bleibt für mehrere Tage im Raum und ist für die Kinder jederzeit zugänglich. So können sie die Schnecken genau beobachten, unter der Lupe betrachten und erforschen. Die Kinder können die Schnecken mit Salat füttern oder das Gehege mit frischen Blättern ausstatten.

Portfolio-vorschlag

Wir hatten Schneckenbesuch

Wir hatten in unserer Gruppe Schneckenbesuch. Bevor die Schnecken gekommen sind, mussten wir ein Terrarium vorbereiten, in dem die Schnecken wohnen konnten. Ein Terrarium ist ein großer Glaskäfig. Wir haben uns ganz genau überlegt, was die Schnecken alles benötigen, damit es ihnen gut geht. Als wir das Schneckenhotel mit Erde, Gräsern, Blättern, Wurzeln und Ästen schön hergerichtet hatten, konnten die Schnecken einziehen. Es hat ihnen gut bei uns gefallen. Und ich konnte die Schnecken genau beobachten und habe dabei viel erfahren darüber, was sie gerne fressen und wo sie sich am liebsten aufhalten. Am besten hat es mir gefallen, wenn die Schnecken über die Glasscheibe gekrochen sind. Dann konnte ich ihre Bewegungen genau sehen.

Schneck im Haus

überliefert

Alter: ab 1 Jahr
Dauer: 5 Minuten
Anzahl: beliebig

Schneck im Haus, Schneck im Haus,	Die Kinder bilden eine Faust als Schnecke. Die andere Hand legen sie als Schneckenhaus wie eine Decke um die Faust.
strecke deine Fühler aus.	Die Kinder schieben die Schneckenhand langsam aus der anderen Hand heraus. Sie strecken Zeigefinger und kleinen Finger als Fühler aus.
Knie!	Die Projektleitung nennt einen Körperteil, den die Schnecke mit den Fühlern berührt.
Oh Schreck, oh Schreck, die Schneck ist weg!	Die Kinder ziehen die Schnecke dabei schnell zurück ins Haus.

Bei Wiederholungen benennen die Kinder immer neue Körperteile.

Hinweis: Das Bilden der Schnecke im Haus erfordert etwas Übung. Die Projektleitung macht es mehrmals hintereinander ganz langsam vor.

Portfolio-vorschlag

Schneck im Haus

Heute war ich im Garten auf Schneckensuche. Als ich im Gebüsch eine Schnecke gefunden habe, habe ich sie in meine Hand genommen. Die Schnecke ist gar nicht langsam, sondern blitzschnell in ihr Haus gekrochen. Ich musste sehr lange warten, bis sie endlich wieder herausgekommen ist. Während ich gewartet habe, habe ich manchmal unseren Schneckenruf gesungen. Der geht so: *„Schneck im Haus, Schneck im Haus, strecke deine Fühler aus."*

Schni-Schna-Schnecke

Alter: ab 1 Jahr
Dauer: 5 Minuten
Anzahl: beliebig

Schni-Schna-Schnecke,
Schni-Schna-Schnecke,
kriecht langsam um die Ecke.
Schri-Schra-Schreck,
und du bist weg.

Hinweis: Die Kinder sprechen den Vers, wenn sie Schnecken suchen oder beobachten. Er eignet sich zudem als Abzählvers.

Kleine Schnecke

Melodie: *Bruder Jakob, Text überliefert*

Alter: ab 1 Jahr
Dauer: 3 Minuten
Anzahl: ab 1 Kind

Kleine Schnecke, kleine Schnecke, kriecht hinauf, kriecht hinauf.	Daumen auf die eingerollten Ring- und Mittelfinger legen und Zeigefinger und kleinen Finger als Fühler ausstrecken und am Arm des Kindes hochkriechen.
Kriecht auch wieder runter, kriecht auch wieder runter.	Wieder herunter kriechen.
Kitzelt dich am Bauch, kitzelt dich am Bauch.	Das Kind am Bauch kitzeln.

Variante: Das Lied kann als Kuschelspiel z.B. beim Wickeln oder als Fingerspiel von den Kindern selbst gespielt werden.

Rückenschnecke

überliefert

Alter: ab 1 Jahr
Dauer: 3 Minuten
Anzahl: ab 1 Kind

Im Schneckenhaus ganz innen drin, da schläft die Schnecke Ann-Kathrin.	Mit dem Zeigefinger deutet die Projektleitung durch eine spiralförmige Bewegung auf dem Rücken des Kindes das Schneckenhaus an.
Jetzt wacht sie auf, und kriecht heraus,	Sie tippt das Kind ein paar Mal auf den Rücken und macht in entgegengesetzter Richtung eine spiralförmige Bewegung.
sie kriecht bis oben hin, die Schnecke Ann-Kathrin.	Die Finger wandern am Rücken entlang bis zum Nacken.
Sie schaut sich um, kriecht rund herum. Und sagt: „Bei diesem Wetter, da ist's im Bett viel netter!"	Sie spitzeln in ein Ohr und kitzeln eine Wange.
Stück für Stück kriecht sie zurück, legt sich dann drin zur Ruh' und sperrt die Haustür zu.	Finger kriechen langsam abwärts, mit einer spiralförmigen Bewegung fortfahren und Daumen und Zeigefinger als Schlüssel mit sanftem Druck ein paar Mal hin und her drehen.

Schneckenrennen

Alter: 2 – 3 Jahre
Dauer: 20 - 30 Minuten
Anzahl: 2 Kinder
Material: Wellpappe in Streifen (ca. 5cm breit und 40cm lang), Fingerfarben, Schnur oder Wolle (ca. 2m), Papprolle, Nadel, Klebe

Die Projektleitung schneidet Streifen zurecht. Die Kinder malen ihren Streifen an. Nach dem Trocknen kleben sie mit Hilfe der Projektleitung an einer Seite kleine Papierschnipsel als Fühler an und malen ein Gesicht auf. Sie rollen den Streifen über einem Stift fest auf und verwenden bei Bedarf etwas Klebe. Mit Hilfe der Projektleitung stellen sie das Gesicht auf, fädeln die Schnur durch eine Wellpappenrippe unter dem Schneckengesicht und binden sie fest. Die Projektleitung knotet das andere Ende der Schnur an der Papprolle fest. Indem die Schnur aufgewickelt wird, setzt sich die Schnecke in Bewegung. Ältere Kinder können ihre Schnecken an einer Startlinie aufstellen und um die Wette aufrollen.

Schneckenbilder aus Naturmaterial

Alter: ab 2 Jahren
Dauer: 20 Minuten
Anzahl: beliebig
Material: Naturmaterialien wie Steine, Zapfen, Blätter, Schneckenhäuser etc., Straßenkreide

Die Kinder sammeln während eines Spaziergangs Naturmaterialien. Die Projektleitung zeichnet auf dem Pflaster vor der Kita eine Spirale auf, auf der die Kinder die Naturmaterialien schneckenartig anordnen.

Hinweis: Ältere Kinder können die Schnecke frei legen.

Schneckenkinder

Alter: ab 2 Jahren
Dauer: 20 Minuten
Anzahl: 2 bis 3 Kinder
Material: Seile und Schnüre, eventuell Klebeband
Vorbereitung: 10 Minuten

Die Kinder legen mit Hilfe der Projektleitung die Schnüre auf dem Boden schneckenförmig aus, so dass verschieden große Schneckenhäuser entstehen. Sie gehen als Schneckenkinder zwischen oder auf den Seilen in die Schneckenhäuser. Wenn alle Kinder ein Haus gefunden haben, lockt die Projektleitung sie mit dem Schneckenruf: *„Schneck, Schneck, komm heraus, strecke deine Fühler aus."* wieder heraus und sie suchen sich ein neues Schneckenhaus.

Portfolio-vorschlag

Schneckenkinder

Heute lagen im Turnraum viele verschiedene Schneckenhäuser aus Seilen auf dem Boden. Ich habe eine kleine Schnecke gespielt und bin in ein Schneckenhaus hinein und wieder heraus gekrochen. Dazu bin ich über die Seile und zwischen den Seilen balanciert. Zuerst ganz langsam, wie eine Schnecke, und dann immer schneller. Ich bin nicht daneben getreten, weil ich schon sehr gut das Gleichgewicht halten kann.

Schneckenfutter

Alter: ab 1 Jahr
Dauer: 20 Minuten
Anzahl: beliebig
Material: Essiggurken, Schnittlauch, Käse, Schinken, Salat, Zahnstocher

Die Kinder bekommen „Schneckenfutter". Gemeinsam mit der Projektleitung schneiden sie Käse, Wurst und Salat in schmale Streifen. Die Schinken- oder Käsestreifen rollen sie mit Salatstreifen auf und stecken sie auf eine Essiggurke. Mit einem Zahnstocher bohrt die Projektleitung kleine Löcher in die Gurke, in die sie Schnittlauchröllchen als Augen steckt. Sie dekoriert ein Tablett mit Salatblättern und anderem Gemüse als Garten und richtet die Schnecken darauf an.

Schneckengebäck

Alter: ab 2 Jahren
Dauer: 20 Minuten
Anzahl: 2 bis 3 Kinder
Material: 200 g Mehl, 2 TL Backpulver, 1 Prise Salz, 50 g Zucker, 1 P. Vanillezucker, 75 g Quark, 50 ml Milch, 50 ml Öl, ein Eigelb zum Bestreichen

Unter Mithilfe der Kinder rührt die Projektleitung aus den Zutaten einen Quark-Öl-Teig an. Jedes Kind bekommt ein Teigstück, aus dem es eine Rolle formt und zu einer Schnecke dreht. Es bestreicht die Schnecke mit Eigelb. Die Projektleitung backt die Schnecken 20 – 25 Minuten bei 180 Grad. Die Kinder essen die Schnecken bei einem kleinen Schneckenfest gemeinsam auf.

Portfolio-vorschlag

Wir haben ein kleines Schneckenfest gefeiert

Heute haben wir leckere Schnecken gebacken. Ich musste den Teig zu einer langen Schlange formen und dann vorsichtig einrollen. Während die Schnecken im Backofen waren, haben wir den Esstisch schön hergerichtet und Schneckenlieder gesungen. Als die Schnecken endlich fertig waren, haben sie wunderbar geduftet und sehr fein geschmeckt.

Anhang

Register

Autorin

Johanna Friedl arbeitet als Erzieherin in Erkheim / Allgäu in verschiedenen pädagogischen Einrichtungen und leitete Eltern-Kind-Gruppen und Elternkurse zu Kleinkind- und Vorschulthemen. Als freie Autorin hat sie neben regelmäßigen Beiträgen für die Fachzeitschrift »Spielen und Lernen« bereits zahlreiche Spiel- und Beschäftigungsbücher und ein Bilderbuch veröffentlicht. Sie bietet zu den Themen ihrer Bücher praxisorientierte Kurse für Eltern und ErzieherInnen an.

Illustrator

Marc Robitzky, geboren 1973, lebt mit seiner Frau und zwei Kindern in Aschaffenburg. Seit seinem zehnten Lebensjahr zeichnet er Comics und arbeitete schon während der Schulzeit als Illustrator und Graffitikünstler. Marc Robitzky studierte an der Hamburger Technischen Kunstschule sowie an der Frankfurter Akademie für Kommunikation und Design. Seit 1999 ist er unter „ZKY Design" für verschiedene Verlage, Werbeagenturen und Firmen tätig.